KUCHEN & TORTEN

Oda Tietz

KUCHEN & TORTEN

Mit über 110 Rezepten,
exklusiv fotografiert von
Wolfgang Feiler

SIGLOCH
Edition

INHALT

EIN KÖSTLICHER DREIKLANG

Teig, Belag und Dekoration, dies sind die drei Grundtöne eines köstlichen Dreiklangs. Wir stimmen uns hier mit ein wenig „Küchenpoesie" ein, doch sehr bald folgen praktische Anleitungen und viele Tipps.

Zum Bild auf Seite 4: Die beiden jungen Damen geben in ihrem Tun die Richtung vor, in die unser Buch weisen will: Mit guten Zutaten und dem geeigneten Küchenhandwerkzeug gelingt auch Backwerk, das nicht jeden Tag auf dem Plan steht.

Was gibt es Schöneres als diesen köstlichen Dreiklang von feinem Teig, aromatischem Belag und lieblicher Dekoration, der Auge, Gaumen und Nase erfreut und immer wieder aufs Neue die Kaffeetafel ziert?! Den verlockenden, knusprigen Kuchen, den hauchzarten, kunstvoll verzierten Torten und Törtchen, den duftenden Schnecken und Hörnchen zu widerstehen ist eine Kunst. Keine Kunst dagegen ist: das Backwerk mit Lust und Liebe herzustellen. Wer gern rührt, knetet, ausrollt, aussticht, füllt, bestreicht, bepinselt, garniert, kommt voll auf seine Kosten. Fingerspitzengefühl und Phantasie sind gefragt! Denn Backwunder sind immer noch steigerungsfähig. Und wenn wundersamer Duft aus dem Backofen strömt, wird die Vorfreude auf Lukullisches größer und größer und größer …

Verlockendes, festlich dekoriertes Backwerk ist stets für eine Überraschung gut. Es verspricht süßen Genuss, ziert die Kaffeetafel und grüßt auf liebevolle Art und Weise, wenn es als Geschenk auf Reisen geht. Fordert das Backwunder zu Bravorufen oder staunendem „Ah" und „Oh" heraus – weiß man, dass der Ausflug ins Schlaraffenland ein Treffer war. Vergessen sind dann Mühe und Ausdauer, ohne die es bei den verführerischen Glanzstücken selten geht. Mit den besungenen sieben Sachen – „Eier und Schmalz, Butter und Salz, Milch und Mehl – Safran macht den Kuchen gehl" – kommen die Meisterwerke der kulinarischen Bühne nicht aus. Denn zur Starbesetzung der „Sieben" gesellen sich weitere Zutaten wie Schlagsahne, Mandeln, Quark, Mohn, Kakaopulver, Zimt, Vanille, Gelatine, Früchte, Rum, Konfitüren, Gelees, Pralinen, verzuckerte Blüten und Früchte und vieles mehr.

Zum guten Gelingen gehören jedoch noch etliche Zutaten, die nicht aus dem Supermarkt kommen, ja, die nicht mal käuflich sind: Poesie, Mut, Muße, Fingerspitzengefühl, Freude, Neugier und Improvisation. Wer Phantasie und gute Zutaten in die Küche lässt, für den ist aller Anfang leicht, er schafft kleine Meisterwerke, die für den Gaumen zum Erlebnis werden und zu weiteren kulinarischen Höhenflügen anspornen.

Machen Sie es zum Beispiel mal wie die Altvorderen. Sie verstanden sich auf den virtuosen

Umgang mit Aromen und Dekorativem. Sie parfümierten ihre Paradestücke mit Blumenduft – gaben ihnen damit eine Note von 1001 Nacht – und schmückten sie für den kulinarischen Auftritt mit kandierten Rosen-, Veilchen-, Holunder-, Nelken-, Mohn- oder Borretschblüten. Sie wussten, dass Blumen und Blüten Backwerke unwiderstehlich machen und zugleich Frühlings-, Sommer- und Liebesboten sind. Backen

und Garnieren ist eine Kunst, die jeder kann. Nichts macht mehr Spaß, als sich der Zuckerbäckerei zuzuwenden (es sind die Klugen, die es gleich mal versuchen!). Sie ist nun mal ein Hauptzweig der 5 schönen Künste – ihr dicht auf den Fersen folgen die Malerei, Bildhauerei, Musik und Architektur.

Den Verlockungen des Konditor(kunst)handwerks zu widerstehen, ist zwecklos. Drehen wir den Spieß doch einfach um und holen uns bei den Profis Anregungen für die eigene Küchenpraxis. Wenn dann der Vorrat an Ideen aufgebraucht ist, geht man wieder ins Café, genießt ein, zwei oder drei Stücke.

Es ist anzunehmen, dass E.T.A. Hoffmann beim Verfassen seines Märchens stets das Schlaraffenland vor seinem inneren Auge hatte. Bereits in der Antike taucht dieses Motiv auf, von dem Land, in dem nicht nur Milch und Honig fließen, sondern allenthalben Überfluss an schmackhafter Nahrung herrscht.

Das Buch bietet zarte, knusprige, schaumgeborene und eisige Kreationen mit fruchtigem Belag und raffinierten Füllungen, die phantasievoll und farbenfroh herausgeputzt wurden. Wer sich in den einzelnen Kapiteln Anregungen holen will, dem wird es bald so ergehen wie der kleinen Demoiselle Stahlbaum in E.T.A. Hoffmanns wunderschönem Märchen „Nussknacker und Mausekönig". Nachdem sie in Begleitung des Nussknackerprinzen den Orangenbach, Honigstrom, Konfitürenhain, Bonbonhausen und den Rosensee bestaunt hatte, gelangte sie in die Hauptstadt Konfektburg. „Alle Häuser ringsum waren von durchbrochener Zuckerarbeit, Galerie über Galerie getürmt, in der Mitte stand ein hoher überzuckerter Baumkuchen als Obelisk und um ihn her sprühten vier sehr künstliche Fontänen, Orsade, Limonade und andere herrliche süße Getränke in die Lüfte; und in dem Becken sammelte sich lauter Creme, den man gleich hätte auslöffeln mögen."

Zum Glück braucht man heutzutage nicht auf eine Einladung ins Märchenland zu warten. Den Wunsch nach Creme, feinen Kuchen und Torten kann man sich, wann immer man will, in der eigenen „Konfektburg", die schlicht Küche heißt, erfüllen. Voller Heiterkeit können Genießer (denn sie wissen!) mit dem großen Gourmet Jean Anthèlme Brillat-Savarin die Vorfahren beklagen, die all die Delikatessen, die heute selbstverständlich sind, nicht einmal erahnen konnten: „Ihr, Urahnen des menschlichen Geschlechtes! Deren Gourmandise berühmt geworden, da ihr für einen Apfel euch ins Elend stürztet. Aber in eurem höchst irdischen Paradiese gab es leider weder Koch noch Konditor. Wehe euch! Aspasie! Chloé! Und alle ihr, deren Formen der Meißel der Griechen zur Verzweiflung aller Schönen von heute verewigt hat! Nie schlürfte euer reizender Mund die Süße einer vanillierten Meringue, kaum habt ihr euch zu Pfefferkuchen erhoben! Wehe euch! Holde Vestalinnen! Gelockt mit so viel Ehren, umdräut von solchen Martern! Ach, hättet ihr zumindest jene süperben Sirops gekostet, die die Seele erfrischen, jene Konfitüren, die die Jahreszeiten überdauern, jene wohlriechenden Cremes, Wunder der Neuzeit! Wehe euch! Stolze Ritterfrauen! Die ihr in Ermangelung eurer kreuzesfahrenden Gatten indes dem Pfaffen oder dem Pagen eure Gunst geschenkt! Nie konntet ihr mit euren Favoriten das reizende Biskuit verzehren oder die süße Makrone! Wehe euch!"

Wir können Brillat-Savarins köstliche Klage zweifellos als Loblied auf den Zucker verstehen. Und der war bis vor etwa 250 Jahren wahrlich ein Luxusartikel. Von diesem hohen Sockel herunter kam er in einem ersten Schritt, als sich Frankreich Kolonien in der Karibik und anderen tropischen Gebieten sicherte. So kam man an das begehrte Zuckerrohr-

Produkt heran. Als dann Mitte des 18. Jahrhunderts das Verfahren zur Zuckerherstellung aus Rüben, die auch in unseren Breiten sehr gut gedeihen, erfunden war, wurde Zucker immer erschwinglicher.

In diesem Sinne viel Spaß beim Backen, Füllen, Dekorieren, Experimentieren, vor allem aber beim Genießen!

Eingangs war von einem kulinarisch aufgefassten Dreiklang die Rede. Angesichts solch eines Lächelns könnte einem der Vergleich mit einer ganzen Sinfonie einfallen. Offenbar ist es den beiden, die sich sichtlich zumindest sympathisch sind, aber nicht gleich, wo sie gerade sitzen: bei einem guten Stück Kuchen oder Torte zum Kaffee.

WIE BEGONNEN, SO GEWONNEN

Die Frische der Eier lässt sich auch überprüfen, indem man das Ei in ein Glas mit kaltem Wasser legt. Sinkt das Ei auf den Boden, hat es die für den Teig gewünschte Qualität.

Vor Backbeginn sollten die Zutaten abgewogen werden – beim Backen kommt es auf Genauigkeit an! – und die Zutaten sollten in Reichweite stehen. Immer nach der Devise: Das Beste ist gerade gut genug. Und die Zutaten sollten, falls nicht extra angegeben, die gleiche Temperatur haben.

Nicht vergessen: den Backofen 15 Minuten vorheizen.

Butter, Eier und **Sahne** sollten frisch und von bester Qualität sein.

Sahne sollte mindestens 30 % Fettgehalt haben, denn dann ist sie standfester und voluminöser. Die in den Rezepten angegebenen Eier entsprechen der Gewichtsklasse 2 (65–70 g). Eier dienen dem Backwerk als Bindemittel und geben ihm Glanz, Farbe und Nährwert. Weil sie aber zu den leicht verderblichen Lebensmitteln zählen, sollten sie, bevor man sie an den Teig gibt, über einer Tasse aufgeschlagen werden. Hat das Eigelb eine kugelige Form und ist das Eiweiß dickflüssig, ist das Ei frisch.

Soll Eiweiß zu Schnee geschlagen werden, muss darauf geachtet werden, dass die Arbeitsgeräte sauber und vor allem fettfrei sind. Beim Schlagen sollte die Prise Salz nicht vergessen werden. Sie macht das Eiweiß geschmeidiger. Mit Eischnee zubereitete Teige nicht stehen lassen, sondern sofort in den Backofen schieben.

Salz und **Zucker** sind immer dabei. Der Zucker hat selbstverständlich das Übergewicht. Glücklicherweise ist dieser wichtige Geschmacksträger dank der Entwicklung des Rübenzuckers im 19. Jahrhundert kein Luxusartikel mehr, sondern reichlich vorhanden. Für die Rezepte wurden feiner Raffinade-Haushaltszucker und Puderzucker (für Zuckerglasuren unentbehrlich!) verwendet. Puderzucker stets sieben!

Weizenmehl – gut geeignet ist das fast schneeweiße Auszugsmehl (Type 405) – sollte stets gesiebt dem Teig zugegeben werden. Dann ist es aufgelockert – Teig braucht Luft! – und verbindet sich daher leichter mit den übrigen Zutaten. Bei Vorratshaltung ist darauf zu achten, dass das Mehl trocken gelagert und vor Fremdgerüchen geschützt wird.

Stärkemehl wird aus Kartoffeln, Reis, Mais oder Weizen gewonnen. Bei Biskuitmasse ist es gern gesehen, denn es macht den Teig feinporig und zart.

Backpulver, das weiße Wunderpulver, das Backwerke hebt und luftig-locker werden lässt, ist einem Apotheker namens Dr. August Oetker (1862–1918) zu danken. Als Sohn eines Bäckermeisters erkannte er: Erleichterung und Zeitersparnis am Herd tut Not. Er optimierte vor gut hundert Jahren (1091) das inzwischen unentbehrliche Triebmittel. Es sollte trocken und kühl aufbewahrt werden. Bevor es an den Teig kommt, wird es mit Mehl vermischt.

Gelatine ist neutral im Geschmack. Für das Backwerk wurde Blatt-Gelatine gewählt, die im Handel farblos oder rot gefärbt angeboten wird. Die Blätter werden in kaltem Wasser eingeweicht, ausgedrückt und in etwas erwärmter Flüssigkeit aufgelöst. – Achtung: nie zu stark erhitzen, sie verlieren sonst die gelierende Wirkung!

Tipp:
Mehl reagiert nicht immer gleich. In einem Jahr ist es feuchter, im nächsten trockener. Das hängt immer vom Witterungsverlauf vor der Getreideernte ab. Sie müssen daher damit rechnen, dass die Mengenangaben insbesondere der flüssigen Teigzutaten wie Milch, Öl oder Eier nur durchschnittliche Werte sind. Daher achten Sie bitte auch darauf, wie die gewünschte Beschaffenheit des Teigs sein soll.

VIELE TEIGE GEGEN DAS EINERLEI

Biskuitteig ist eine federleichte Masse aus Eiern, Zucker und Mehl.

Der Teig braucht viel Luft! Deshalb muss die Masse ausdauernd geschlagen werden. Die Reihenfolge bei der Zubereitung kann man sich leicht merken:

Zuerst die Eier, getrennt oder im Ganzen, dann Zucker, zuletzt das Mehl, dem eventuell Kakaopulver, Backpulver oder gemahlene Nüsse oder Mandeln beigegeben werden. Sieht das Rezept Butter vor, gibt man sie flüssig, aber abgekühlt zur Schaummasse. Wichtig ist, dass der Teig nicht gerührt wird. Die Zutaten nur vorsichtig unterheben! – Und: Der Teig muss sofort nach der Zubereitung in den Backofen geschoben werden. Er fällt sonst zusammen.

Baiser, das zarte Knusperbackwerk, ist ein Schaum-Traum aus getrocknetem Eiweiß und Zucker. Gibt man der Baisermasse, auch Meringue genannt, einige Spritzer Zitronensaft zu, wird die Masse stabiler (und das Backrisiko geringer). Achtung: Baisermasse verabscheut Fett. Küchengeräte, mit der sie in Berührung kommt, müssen deshalb gut gereinigt sein!

Baisermasse kann man nach Belieben mit Pulverkaffee (Instant), gemahlenen Haselnüssen oder Mandeln – aber in Maßen, denn beide enthalten Fett – oder mit geriebener Schokolade verfeinern. Mit Obst und Schlagsahne feiern aus der Masse entstandene Tortenböden oder Baisers, die auch Busserl heißen, eine Traumhochzeit nach der anderen.

Mürbteig wünscht kalte Zutaten, viel Butter, wenig Eier – sie machen ihn hart – und kräftige Hände, die gut kneten können. Anschließend will er sich mindestens 30 Minuten im Kühlschrank ausruhen. Der Teig kann mit Mandeln oder Haselnüssen verfeinert werden. Mürbteig schmückt sich gern mit Früchten, Quark oder Mohn.

Hefeteig: Er ist leicht und locker, die Herstellung sehr einfach, wenn man beachtet, dass frische Hefe keine Zugluft mag, unmittelbare Berührung mit Salz verübelt, denn es entzieht den Hefezellen die Feuchtigkeit. Hefe verübelt auch unmittelbare Berührung mit Fett – es verhindert, dass Hefezellen sich vermehren, mag keine zu heiße Flüssigkeit, denn sie würde die Hefebakterien abtöten, oder kalte Flüssigkeit, sie würde die Entwicklung der Triebkraft verringern. Die Folge wäre, dass der Teig nur sehr langsam aufgeht.

Süßungsmittel unterstützen die Triebkraft der Hefe. Alle Zutaten sollten die gleiche, am einfachsten Zimmertemperatur haben. Vorteig und Teig brauchen genügend Zeit und Ruhe zum Aufgehen – zugedeckt an einem warmen Ort von 20 bis 30 °C. Wichtig: Hefeteig gut durchkneten!

Am Beispiel des Rezepts Milchzopf von S. 38 lässt sich Schritt für Schritt veranschaulichen, wie ein Hefeteig auf Anhieb gelingen kann: Oben „schafft" der Vorteig aus Hefe, Zucker und in diesem Fall lauwarmer Buttermilch – für andere Hefeteige nimmt man Wasser oder normale Vollmilch. Dieser Brei ruht in einer Mulde inmitten des gesamten Mehls, das später verarbeitet wird. Das zweite Bild zeigt die erhebliche Volumenzunahme desselben Teigs, nachdem er gegangen ist. Erneutes Durchkneten auf Mehl steht vor dem letzten Schritt, bei dem das Backwerk geformt wird, ein Zopf aus drei gleich langen Strängen Teig (unterstes Bild). Für das fertige Ergebnis müssen Sie jetzt erst einmal blättern – und dann selbst zu Werke gehen.

Konfitüren – und da meine ich generell die festeren, wie es selbst gemachte zumeist sind – sollte man vor dem Aufstreichen durch ein Sieb geben.

Bei der Zubereitung von **Buttercreme** ist darauf zu achten, dass Butter und Pudding die gleiche Temperatur haben, weil die Creme sonst gerinnt.
Sahnefüllungen brauchen einen Stabilisator: entweder Blattgelatine oder das im Handel erhältliche Sahnesteif.
Und wenn die Kuchen oder Torten mit Gelatine und Creme fertig sind, sollten sie mindestens 2 Stunden gekühlt werden. Beim Anschnitt läuft sonst leicht etwas davon.

Tipp:
Jeder Backofen arbeitet anders. Die Temperaturen am Drehschalter müssen mit der im Ofen nicht immer zu hundert Prozent übereinstimmen. Deshalb ist auch hier Fingerspitzengefühl gefragt und notfalls ein Abweichen von den Angaben im Rezept. Ebenso kann es nötig werden, einen Kuchen rechtzeitig abzudecken, zum Beispiel mit Aluminium-Folie oder einem zweiten Backblech. Denn in einem gut „feuernden" Ofen kann die Oberfläche bereits nach 15 oder 20

Minuten sich kräftig verfärben, während das Innere noch einmal rund 20 bis 25 Minuten braucht, bis es durchgebacken ist.

Tipp:
Wird Trockenhefe verwendet, entfällt die Zubereitung des Vorteiges. Die Trockenhefe wird mit gesiebtem Mehl vermischt und mit den restlichen Zutaten zu einem Teig verknetet. Ein Beutel Trockenhefe enthält 7 Gramm, das entspricht 25 Gramm Frischhefe.

Praktische Hinweise
Tipp:
Ein Tortenboden kommt selten allein! So zerlegt man ihn in Schichten: Die glatte Seite ist oben. Dann markiert man mit einem spitzen Messer die einzelnen Schichten, indem man ringsum 1 Zentimeter tief einschneidet. In den Einschnitt wird ein Zwirnsfaden gelegt. Die Enden werden über Kreuz gehalten. Dann wird mit dem straff gezogenen Faden das Backwerk durchgeschnitten und die durchtrennte Schicht vorsichtig abgehoben. Damit sehr dünne Böden nicht zerbrechen, hebt man sie mit Papier ab, indem man Papier zwischen die Schichten schiebt.

VERZUCKERTE BLÜTEN UND BLUMEN

Geeignet sind vielerlei Arten, sodass während des gesamten Frühlings und Sommers Ihrer Phantasie keine Grenzen gesetzt sein sollten.

Gänseblümchen (Bellis perennis) zieren vielerlei Backwerk und haben einen nussartigen Geschmack. Kandiert schmecken sie wie Marzipan.

Holunderblütendolden (Sambucus nigra) sind kandiert eine schöne Dekoration auf Torten und Bleckuchen. Die Blüten – frisch gepflückt oder auch getrocknet – liefern Brot- und Kuchenteigen feines Aroma.

Löwenzahnblüten (Taraxacum officinale) Blüten und junge Blütenblätter schmecken nach Honig und zieren kleines Backwerk.

Kornblumen (Centauria cyanus) sehen auf Backwerk zauberhaft aus. Ihr Geschmack ist nicht sehr ausgeprägt.

Mohnblumen (Papaver rhoeas) sind eine leuchtend schöne Dekoration auf Backwerk. An Aromen liefern sie wenig.

Borretschblüten (Borago officinalis) haben einen fruchtigen Geschmack und passen zu Obstkuchen und deftigem Backwerk.

Lavendelblüten (Lavendula angustifolia) verlangen sparsamen Umgang, denn der Geschmack ist intensiv. Sie passen zu Kuchen und Torten.

Luzerne (Medicago sativa), auch Schneckenklee genannt, passt gut zu deftigen Blechkuchen.

Begonien (Begonia semperflorens) mit dem säuerlichen Aroma passen gut zu Obsttorten; siehe auch Rezept S. 156.

Chrysanthemenblütenblätter (Chrysanthemum coronarium) oder Salat-Chrysantheme eignen sich für deftiges Backwerk.

So werden Blüten verzuckert:

1 bis 2 Eiweiß leicht mit einer Gabel verschlagen. Die Blüten mit Hilfe einer Pinzette in das Eiweiß tauchen, das überflüssige Eiweiß abschütteln. Dann die Blüten in ein Zucker-bett aus feinem Kristall-zucker geben (keinen Puderzucker verwenden!) und mit Zucker bestreuen. Im Zucker trocknen las-sen. Man kann die ver-zuckerten Blüten auch im vorgeheizten Backofen bei 50 °C trocknen lassen. Dabei die Ofentür spalt-breit geöffnet lassen.

Dahlienblütenblätter schmecken leicht säuerlich. Ver-zuckert sind sie eine hübsche Dekoration auf Kuchen und Torten.

Passionsblumen (Passiflora caerulea, Passiflora incarnata) schmücken Torten und liefern ein feines Aroma.

Jasminblüten (Jasminum offici-nale) geben nicht nur ein feines Aroma, sie sind auch ein schöner Blickfang auf Torten.

Levkojen (Matthiola incana) sehen verzuckert besonders schön auf Festtagstorten aus.

Kapuzinerkresseblüten (Tropa-eolum majus) haben einen leicht pfeffrigen Geschmack (wie die Blättchen) und sind eine schöne Zierde auf pikantem Backwerk.

Magnolien (Magnolia hypoleuca, Magnolia denudata, Mag-nolia x thompsoniana) sind verzuckert eine Zierde auf Backwerk.

Malven (Malva moschata, Hibiscus syriacus) sind eine schöne Dekoration auf festlichem Backwerk. Das Aroma ist unauf-fällig.

Nelken (Dianthus „Telstar") sind verzuckert geeignet für Kuchen und Torten.

Reseda (Reseda odorata) haben ein säuerliches Aroma und pas-sen pur oder verzuckert gut zu Obsttorten.

Ringelblumen (Calendula offi-cinalis) mit mildem Aroma zieren deftige Kuchen.

Robinien (Robinia x slavinii „Hil-lieri") haben ein süßes Aroma und passen zu Obstkuchen und Obsttorten.

Rosen – alle Sorten und Größen sind essbar und vorzüglich zum Garnieren von Kuchen und Torten geeignet.

Stiefmütterchen (Viola tricolor) zieren Torten und Törtchen.

Trompetenblumen (Campsis radicans) haben ein süßes, würziges Aroma und passen zu vielerlei Backwerk.

Veilchen (Viola odorata) zieren in Zuckerrüstung Pralinen und vielerlei Backwerk.

Sellerieblüten (Apium graveolens) zieren deftige Blechkuchen.

Für den Verzehr eignen sich nur ungespritzte Blumen und Blüten.

Tipp:
Verzuckerte Früchte, zum Beispiel Johannisbeeren, Erdbeeren, Himbeeren, Brombeeren oder Weinbeeren, sind ein schöner Schmuck auf Backwerk. Dafür die Früchte in verquirltes Eiweiß tauchen und rundum mit feinem Zucker bestreuen. Auf Backpapier zum Trocknen legen.

PRALINEN

Auf den ersten Blick haben Pralinen mit dem Thema Backen nicht viel zu tun. Doch wenn Sie manche kunst- und geschmackvoll dekorierte Torte ansehen, wird klar, weshalb hier diese kleine Rezeptsammlung steht.

NOUGAT-PRALINEN

100 g bittere Schokolade, 200 g Nougat, 30 g Butter, 150 g Mandelstifte, 2 EL Rum

Schokolade und Nougat zerkleinern und unter Rühren im heißen Wasserbad schmelzen. Butter, Mandeln und Rum einrühren. Mit zwei Teelöffeln kleine Häufchen auf eine Glasplatte setzen und erstarren lassen.

INGWER-PRALINEN

3 EL Kokosraspel, 1 EL Ingwer-Konfitüre, 1 EL Weinbrand, 250 g Vollmilchkuvertüre, 50 g Kokosfett, 125 g halbbittere Kuvertüre, 50 g kandierter Ingwer

Die Kokosraspeln goldbraun rösten und auskühlen lassen. Mit Konfitüre und Weinbrand verrühren. Die Kuvertüre und das Fett zerkleinern, im heißen Wasserbad unter Rühren schmelzen, anschließend kalt rühren. Dann leicht erwärmen, die Kokosraspeln unterrühren. 3 Stunden kalt stellen.
Kleine Kugeln formen. Die halbbittere Kuvertüre zerkleinern, im Wasserbad schmelzen, auskühlen lassen. Wieder leicht erwärmen

(auf 34 °C). Aus der Pralinenmasse kleine Kugeln formen, mit Hilfe einer Pralinengabel in die bittere Kuvertüre tauchen und auf Alufolie setzen. Den Ingwer klein schneiden, die Pralinen damit garnieren.

TRÜFFEL

100 g Butterschmalz, 150 g Zartbitterschokolade, 100 g Puderzucker, 150 g geriebene Mandeln, 4 EL Eierlikör, 1 EL Kakaopulver

Das Butterschmalz erwärmen, die zerkleinerte Schokolade zugeben und unter Rühren zum Schmelzen bringen. Vom Herd nehmen. Puderzucker und Mandeln einrühren. Die Masse auskühlen lassen, den Eierlikör einrühren. Mit kalten Händen aus der zimmerwarmen Masse kleine Kugeln formen, in Kakaopulver wälzen und kalt stellen.

CROSSIS

3 Tafeln bittere Schokolade, 2 Tafeln Vollmilchschokolade, 75 g Kokosfett, 1 EL Butter, 1 Päckchen Vanillezucker, 150 g Kokosraspeln, 150 g Cornflakes

Die Schokolade zerkleinern, Kokosfett und Butter zugeben, alles im heißen Wasserbad unter Rühren schmelzen. Vanillezucker, Kokosflocken und Cornflakes unterrühren. Mit 2 Teelöffeln kleine Häufchen auf Alufolie oder auf eine Glasplatte setzen und kalt stellen.

Variante: Anstelle von Kokosraspeln kann man auch geröstete Mandelblättchen nehmen.

MANDELPFLAUMEN

2 Dutzend entsteinte Dörrpflaumen, 1 Gläschen Kirschwasser, 3 EL geriebene Mandeln, 2 EL gemahlene Pistazien, 3 EL Zucker, ½ TL abgeriebene unbehandelte Zitronenschale, 2 EL Rum, 1 Eiweiß, 150 g Vollmilchkuvertüre

In die Schnittfläche der Pflaumen etwas Kirschwasser geben. Mandeln, Pistazien, 1 EL Zucker, Zitronenschale und Rum verrühren. Die Masse in die Pflaumen füllen. Das Eiweiß schlagen, die Pflaumen eintauchen und anschließend in dem restlichen Zucker wälzen. Die Kuvertüre zerkleinern, im heißen Wasserbad schmelzen lassen. Auskühlen lassen.

Nochmals leicht erwärmen (auf 34 °C). Die Pflaumen mit Hilfe einer Pralinengabel in die Kuvertüre tauchen und auf Alufolie setzen. Kalt stellen.

MOKKAPRALINEN

100 g Zucker, 2 Eigelb, 50 g Butter, 1 EL Schlagsahne, 6 EL gebrühter Mokka, 1 Päckchen Vanillezucker, 200 g zartbittere Schokolade, 150 g Vollmilchkuvertüre, 50 g geraspelte bittere Schokolade

Zucker und Eigelb verrühren und im heißen Wasserbad erwärmen. Butter, Sahne, Mokka und Vanillezucker zugeben und leicht erhitzen. Die Schokolade zerkleinern und zugeben. Alles glatt rühren. Die Masse 1 cm hoch in eine mit Pergamentpapier ausgelegte Form füllen und fest werden lassen. Mit kleinen Ausstechförmchen Pralinen ausstechen. Kalt stellen.
Die Vollmilchkuvertüre zerkleinern, im heißen Wasserbad schmelzen, auskühlen lassen. Nochmals erwärmen (auf 34 °C), die Pralinen mit Hilfe einer Pralinengabel in die Kuvertüre tauchen und mit geraspelter Schokolade verzieren.

Mit ruhiger Hand und Phantasie lassen sich Ornamente aller Art aus Kuvertüre formen – und sogar Blätter überziehen. Das Rezept dazu steht auf Seite 24/25.

Für Garnituren ist eine Marmorplatte empfehlenswert. Die glatte, kratzfeste Oberfläche erleichtert das Herstellen von Schokoladenfiguren und Pralinen. Auf dem kalten Stein kühlt alles rasch und gleichmäßig ab und lässt sich gut abheben. Außerdem ist die Platte problemlos sauber zu halten. Eine Ausweichmöglichkeit bietet das Backblech. Allerdings darf es keine Dellen und Kratzer haben!

FRUCHTPRALINEN

400 g weiße Kuvertüre,
50 g weiche Butter, 50 g Puderzucker, 125 g Orangenkonfitüre,
2 EL Orangenlikör, 200 g halbbittere Kuvertüre, Mokkabohnen (Fertigware) zum Verzieren

Die weiße Kuvertüre zerkleinern und im heißen Wasserbad schmelzen. Butter und Puderzucker schaumig schlagen. Die weiße Kuvertüre nach und nach unterrühren. Die Konfitüre und den Likör zugeben, glatt rühren und 2 Stunden kalt stellen.
Mit 2 Teelöffeln kleine Nocken abstechen und auf Alufolie setzen. Über Nacht kalt stellen.
Die halbbittere Kuvertüre zerkleinern, im heißen Wasserbad schmelzen, auskühlen lassen.
Leicht erwärmen (auf 34 °C).
Mit einer Pralinengabel die Nocken in die dunkle Kuvertüre tauchen, auf Alufolie setzen, Mokkabohnen obenauf setzen. Kalt stellen.

Ein Hauch Nostalgie haftet ihnen in jedem Fall an, den aus Marzipan geformten Blüten, Früchten, Blättern, Herzchen oder Hasen. Nicht zu oft als Überraschungseffekt eingesetzt, werden sie ihre Wirkung aber auf keinen Fall verfehlen.

MARZIPANROSEN

400 g Marzipanrohmasse, 200 g Puderzucker

Die Marzipanrohmasse in eine Schüssel geben, den Puderzucker aufsieben, beides gut verkneten, zwischen zwei Lagen Frischhaltefolie dünn ausrollen, mit den Händen einzelne Blütenblätter formen und zu einer Blüte zusammensetzen.

Wer rote oder rosa Rosen haben möchte, kann zur Marzipanmasse 1 bis 2 Tropfen rote Lebensmittelfarbe geben. Wenn man grüne Blätter und Blütenstiele anlegen möchte, fügt man einem Teil der Marzipanmasse 1 bis 2 Tropfen grüne Lebenmittelfarbe zu und formt daraus Blätter und Ranken. Auch Früchte oder Figuren wie Osterhasen oder Küken lassen sich aus Marzipan bereiten.

Tipp:
Nach Belieben kann man der Marzipanmasse einige Tropfen Rosenwasser (s. S. 34) zugeben.

Marzipanrohmasse ist für Schmuckelemente oder als schützender Torten-Mantel (es verhütet vorschnelles Austrocknen) geeignet. Für Glasuren bildet die aus enthäuteten, gemahlenen Mandeln und Puderzucker hergestellte Masse eine gute Grundlage. Damit die Marzipanmasse sich gut formen lässt, vermischt man sie mit Puderzucker. Man rechnet auf 200 Gramm Marzipanrohmasse etwa 100 Gramm Puderzucker. Gibt man der Masse einige Tropfen Speisefarbe zu, lassen sich grüne Blätter, rote oder gelbe Rosen, Früchte, Sonnen oder Monde herstellen.

*G*eraspelte Kokosnüsse sind für Tortenschmuck oder für die Pralinenherstellung geeignet. Zu lange lagern sollte man sie nicht, sie verlieren rasch ihr Aroma und werden ranzig. Besonders bei geöffneten Packungen ist rascher Verbrauch zu empfehlen.

Tipp:
Gehackte oder gemahlene Pistazien (grüne Mandeln) – die angenehm Süßen aus dem östlichen Mittelmeerraum – bilden einen hübschen Farbkontrast auf Schlagsahne.

SCHOKOLADENGUSS AUS KUVERTÜRE

SCHOKOLADENGUSS AUS KUVERTÜRE

Die Kuvertüre zerkleinern und über dem Wasserbad bei geringer Hitze (34°C) schmelzen. Bekommt Kuvertüre zu viel Hitze, kann sie krümelig werden. Besonderen Glanz bekommt sie, wenn sie nach dem Abkühlen ein weiteres Mal zum Schmelzen gebracht wird. Dann die Kuvertüre mit einer Kelle auf die Torten- oder Kuchenmitte geben und mit einem Spatel gleichmäßig verstreichen und über den Rand ziehen.

Varianten:

Mit Kuvertüre kann man kleine Kunstwerke zaubern: Eine dünne Schicht geschmolzene Kuvertüre auf eine kratzfeste Unterlage gießen – Marmor- oder Glasplatte oder Backblech. Sobald die Masse erstarrt ist, schabt man sie mit einem Spatel zu kleinen Röllchen oder sticht mit kleinen Ausstechformen Kleeblätter, Sonne, Monde, Herzen, Kreise aus. Gibt man zur Kuvertüre etwas Öl und Puderzucker, lassen sich dekorative Fächer herstellen.

Besonders hübsch sehen auch **Schokoladenblätter** aus. Dafür Rosen- oder Veilchenblätter pflücken, die Blattunterseite mit geschmolzener weißer oder brauner Kuvertüre bestreichen und fest werden lassen. Danach gibt man noch eine zweite Kuvertüreschicht darauf. Sobald die Masse erstarrt ist, die Blätter vorsichtig abziehen.

Zimmerwarme Kuvertüre eignet sich für Schokoladenspäne, man kann sie leicht mit dem Kartoffelschäler abschaben. Für Schokoladenraspeln muss die Kuvertüre gut gekühlt sein und man braucht ein Reibeisen mit grober Scheibe.

SCHOKOLADENFRÜCHTE

Für Schokoladenfrüchte Vollmilch- oder Zartbitterkuvertüre im Wasserbad schmelzen. Erdbeeren, Weinbeeren, Johannisbeeren, Kirschen, Ananasstücke, Kumquats, Kapstachelbeeren u. a. m. zur Hälfte in die Kuvertüre tauchen und erstarren lassen. Nach Belieben können den Früchten Blättchen aus Schokolade angelegt werden.

Dafür frische, gereinigte Rosen- oder Veilchenblätter mit geschmolzener Kuvertüre oder Schokolade einpinseln. Die Schicht fest werden lassen und mit einer weiteren Schicht überpinseln. Sobald die Masse fest geworden ist, die Blätter vorsichtig von der Schokolade abziehen. Kandierte Früchte haben eine besondere Leuchtkraft und sind wie Schokoladenfrüchte eine schöne Zierde auf Backwerk. Dafür kandierte Clementinen, Birnen, Aprikosen, Zitronat und Orangeat in Ornamente schneiden und zu Blüten zusammensetzen.

Tipp:
Kandierte Früchte gibt es als Fertigware. Kandierte Kirschen schmecken besonders gut, wenn man sie selbst herstellt. Dafür braucht man:
500 g Sauerkirschen, 500 g Puderzucker.

Die Kirschen waschen und entsteinen. In einem Durchschlag über kochendem Wasser 5 Minuten dämpfen. Auf einen Teller geben und mit 2 EL Puderzucker besieben. Den Zucker einziehen lassen, die Kirschen wenden und mit 2 EL Puderzucker besieben. So weitermachen, bis der Puderzucker verbraucht ist.
Die Kirschen in ein verschließbares Glas geben. Nach 5 Tagen kann man die Kirschen verwenden.
Auf die gleiche Weise lassen sich auch Aprikosen, Ananas und Pfirsiche kandieren.

Mit diesem süßen Eindruck wollen wir Sie auf den Inhalt des Buches einstimmen und gleichzeitig darauf hinweisen, dass die Rezeptsammlung auch herzhaft Gebackenes enthält. Guten Appetit!

QUARKTALER
GLASIERTE SAFRANBREZELN

QUARKTALER
Für den Teig:
500 g Mehl
30 g Hefe, 2 EL Zucker
¼ Liter lauwarme Milch
80 g Butter, 1 Ei
1 TL abgeriebene unbe-
handelte Zitronenschale
1 Prise Salz

Für die Füllung:
300 g abgetropfter Speise-
quark (40 %)
2 EL Zucker, 4 Eigelb
1 EL weiche Butter
½ TL abgeriebene unbe-
handelte Zitronenschale
100 g gehackte Mandeln

Außerdem:
1 Eiweiß
2 Eigelb zum Bestreichen
Mehl zum Bearbeiten

GLASIERTE SAFRAN-
BREZELN
100 g Sultaninen
50 g Korinthen, 2 EL Rum
500 g Mehl
30 g Hefe, 2 EL Zucker
150 ml lauwarme Milch
5 EL dicke saure Sahne
2 Eier, 2 EL Butter
1 kräftige Prise gemahle-
ner Safran
Butter für das Backblech
2 Eigelb

Außerdem:
150 g Puderzucker
2 EL Zitronensaft

QUARKTALER
Das Mehl in eine Schüssel sieben und in die Mitte eine Vertiefung drücken. Hefe und Zucker in etwas lauwarmer Milch verquirlen, in die Vertiefung gießen, etwas Mehl vom Mehlrand ein-rühren und einen breiartigen Vorteig bereiten. Zugedeckt 20 Minuten gehen lassen.
Butter, Ei, Zitronenschale und Salz auf dem Mehlrand anordnen und von der Mitte her die Zuta-ten verkneten. Dabei die restli-che Milch zufügen. Den Teig 30 Minuten gehen lassen.

Für die Füllung den Quark durch ein Sieb streichen und mit Zucker, Eigelb, Butter, Zitronen-schale und Mandeln verrühren. Den Teig durchkneten, auf bemehlter Fläche ausrollen und Kreise von 8 Zentimeter Durch-messer ausstechen. Die Ränder mit Eiweiß bestreichen. Auf die Hälfte der Kreise jeweils einen Klecks von der Quarkmasse geben, dabei darauf achten, dass die Ränder frei bleiben. Die rest-lichen Kreise aufsetzen, die Rän-der andrücken. Eigelb verquirlen, die Taler damit bestreichen. Im vorgeheizten Backofen bei 200°C (Gas: Stufe 3, Umluft 180 °C) etwa 25 Minuten backen.

GLASIERTE SAFRANBREZELN
Sultaninen und Korinthen waschen, abtropfen lassen und mit Rum beträufeln. Das Mehl in eine Schüssel sieben, in die Mitte eine Vertiefung drücken. Die Hefe mit dem Zucker in lauwar-mer Milch verquirlen, in die Ver-tiefung gießen, etwas Mehl vom Rand zufügen, einen breiartigen Vorteig rühren. Zugedeckt an einem warmen Ort 20 Minuten gehen lassen.
Auf dem Mehlrand die saure Sahne, Eier und Butter in Flöckchen verteilen. Den Safran in 1 Esslöffel lauwarmem Wasser verrühren und ebenfalls auf den Mehlrand geben. Von der Mitte her alle Zutaten zu einem glatten und geschmeidigen Teig verkne-ten. Zugedeckt 30 Minuten gehen lassen.
Den Teig durchkneten, Rollen und daraus Brezeln formen. Ein Backblech ausbuttern, die Bre-zeln auflegen, mit verquirltem Eigelb bestreichen und im vorge-heizten Backofen bei 200 °C (Gas: Stufe 3, Umluft 180 °C) etwa 20 Minuten backen. Herausnehmen und sofort mit Butter bepinseln und mit Zucker bestreuen oder ausgekühlt mit Glasur aus Puderzucker und Zitronensaft überziehen.

MUFFINS MAL SO, MAL SO

MUFFINS MIT HEIDELBEEREN

250 g Heidelbeeren
2 Eier
100 ml Sonnenblumenöl
150 g Zucker
½ TL abgeriebene unbe-
handelte Zitronenschale
ca. 200 ml Milch
300 g Mehl
3 gestrichene TL Back-
pulver
Öl für die Form
Puderzucker zum Besieben

MUFFINS MIT MANDELN

500 g Mehl
20 g Hefe, 1 EL Zucker
¼ Liter lauwarme Milch
2 EL Rosenwasser
1 Prise Salz
1–2 Tropfen Bittermandel-
aroma
je 2 EL gehackte und
gemahlene Mandeln
Öl für die Form
Butter zum Bestreichen
feiner Streuzucker

MUFFINS MIT HEIDELBEEREN

Die Beeren waschen und
abtropfen lassen. In einer Schüssel Eier, Öl, Zucker und Zitronenschale schaumig schlagen. Die
Milch unterrühren. Mehl und
Backpulver vermischen, auf die
Eiermasse sieben und unterziehen. Zuletzt die Beeren untermischen. Ein Muffinblech ölen
und den Teig in die Förmchen
füllen. Im vorgeheizten Backofen
bei 160 °C (Gas: Stufe 1–2,
Umluft 140 °C) etwa 35 Minuten
goldgelb backen.
Herausnehmen, etwas abkühlen
lassen, aus der Form lösen,
auskühlen lassen und mit Puderzucker besieben.

Variante:

Anstelle der Heidelbeeren kann
man auch Bananen zum Teig
geben. Dafür 2 mittelgroße
Bananen schälen, in kleine
Stücke schneiden, mit Zitronen-
saft marinieren und unter den
Teig mischen. Nach dem Backen
die ausgekühlten Muffins mit
einem Guss aus 150 Gramm
Puderzucker und 2 Esslöffeln
Zitronensaft überziehen und mit
Kokosflocken garnieren.

MUFFINS MIT MANDELN

Das Mehl in eine Schüssel
sieben. In die Mitte eine Vertiefung drücken. Die Hefe mit
dem Zucker in etwas lauwarmer
Milch verquirlen und in die Vertiefung gießen. Etwas Mehl vom
Mehlrand darüber stäuben und
zugedeckt 20 Minuten gehen
lassen.
Die restliche Milch, das Rosenwasser, Salz, Bittermandelaroma
und die Mandeln auf dem Mehlrand verteilen und alles von der
Mitte her zu einem glatten Teig
verkneten. Zugedeckt 30 Minuten gehen lassen.
Den Teig zusammenstoßen und
nochmals durchkneten. Eine
Muffinform ölen, den Teig in die
Förmchen füllen und 10 Minuten
stehen lassen.
Dann im vorgeheizten Backofen
bei 200 °C (Gas: Stufe 3, Umluft
180 °C) in etwa 20 Minuten
backen.
Herausnehmen, sofort mit Butter
bestreichen und mit Zucker
bestreuen. Noch heiß servieren.

ROSINENSCHNECKEN
PFLAUMENMUSHÖRNCHEN

ROSINENSCHNECKEN

125 g Rosinen, 3 EL Rum
150 g abgetropfter Quark
(20 %)
4 EL Zucker, 6 EL Öl
½ TL abgeriebene unbehandelte Zitronenschale
1 Prise Salz
300 g Mehl
3 gestrichene TL Backpulver
50 g weiche Butter
4 EL gehackte Mandeln
Butter für das Backblech

Außerdem:
200 g Puderzucker
3 EL Zitronensaft

PFLAUMEN-MUSHÖRNCHEN

300 g Kartoffeln
450–500 g Mehl
1 EL Stärkemehl
125 g Zucker, 3 Eier
80 g weiche Butter
1 Päckchen Backpulver
Mehl zum Bearbeiten
250 g Pflaumenmus
Butter für das Backblech

Außerdem:
100 g flüssige Butter
100 g Zucker zum
Bestreuen

Tipp:
Anstelle von Pflaumenmus kann man für die Füllung auch Erdbeer- oder Aprikosenkonfitüre verwenden.

ROSINENSCHNECKEN

Die Rosinen waschen, abtropfen lassen und mit Rum beträufeln. Den Quark durch ein Sieb in eine Schüssel streichen und mit 2 Esslöffeln Zucker, Öl, Zitronenschale und Salz verrühren. Mehl und Backpulver vermischen und zur Quarkmasse geben. Gut durchkneten, auf bemehlter Fläche zu einem Rechteck ausrollen und mit Butter bestreichen. Mit dem restlichen Zucker, Rosinen und Mandeln bestreuen. Den Teig aufrollen und in 1,5 Zentimeter breite Stücke schneiden. Ein Backblech ausbuttern, die Teigstücke auflegen und flach drücken. Im vorgeheizten Backofen bei 200 °C (Gas: Stufe 3, Umluft 180 °C) etwa 15 Minuten backen.
Herausnehmen und auskühlen lassen. Den Puderzucker sieben und mit Zitronensaft verrühren. Die Rosinenschnecken damit überziehen.

PFLAUMENMUSHÖRNCHEN

Die Kartoffeln in der Schale kochen, pellen, durch die Kartoffelpresse drücken und auskühlen lassen. In eine Schüssel geben. Mit 2 Gabeln auflockern und mit Mehl, Stärkemehl, Zucker, Eiern, Butter und Backpulver verkneten. Auf bemehlter Fläche ausrollen und Quadrate von 20 Zentimeter Kantenlänge schneiden. Mit Pflaumenmus bestreichen. Von einer Spitze beginnend aufrollen und zu Hörnchen biegen. Ein Backblech ausbuttern, die Hörnchen darauf verteilen und im vorgeheizten Backofen bei 200 °C (Gas: Stufe 3, Umluft 180 °C) etwa 15 Minuten backen.
Herausnehmen, mit zerlassener Butter bestreichen und mit Zucker bestreuen.

Für den Teig:
500 g Mehl
30 g Hefe
100 g Zucker
200–220 ml lauwarme
Milch
100 g weiche Butter
1 Ei
1 Prise Salz
Mehl zum Bearbeiten
Butter für das Backblech

Für die Füllung:
je 100 g gehackte und
geriebene Mandeln
100 g Zucker
100 g weiche Butter
100 g Rosinen

Für den Guss:
200 g Puderzucker
4 EL Rosenwasser

Das Mehl in eine Schüssel sieben, in die Mitte eine Vertiefung drücken. Die Hefe mit 1 Teelöffel Zucker in etwas lauwarmer Milch verquirlen, in die Vertiefung gießen, etwas Mehl darüber stäuben. Zugedeckt an einem warmen Ort 20 Minuten gehen lassen.
Den restlichen Zucker, die Butter in Flöckchen, Ei und Salz auf den Mehlrand geben. Von der Mitte her alle Zutaten zu einem glatten Teig verkneten, dabei die restliche Milch zugeben. Zugedeckt 30 Minuten gehen lassen.

Den Teig auf bemehlter Fläche zu einer Rolle formen und mit einem scharfen Messer in 2 Zentimeter breite Stücke schneiden. Die Mandeln mit Zucker, Butter und Rosinen vermischen und in die Mitte der Teigscheiben geben. Die Scheiben zu Brötchen formen.

Ein Backblech ausbuttern, die Brötchen auflegen. Im vorgeheizten Backofen bei 200 °C (Gas: Stufe 3, Umluft 180 °C) etwa 20 Minuten backen. Herausnehmen und auskühlen lassen. Den Puderzucker sieben, mit Rosenwasser verrühren, die Brötchen damit überziehen.

Tipp:
Rosenwasser – im Vorrat für Backwerk und Desserts – lässt sich ganz leicht herstellen. Man braucht dafür 125 Gramm stark duftende, frisch gepflückte, ungespritzte Rosenblütenblätter. Die Rosenblütenblätter waschen und den bitteren Stielansatz entfernen. Die Blätter in eine Schüssel legen und mit ½ Liter lauwarmem Wasser übergießen. Zugedeckt 2 Tage ziehen lassen. Dann die Blüten durch ein feines Leinentuch pressen, die Flüssigkeit auffangen und in einem gut verschließbaren Glas aufbewahren.

SCHMALZKÜCHLEIN SCHMALZBREZELN

SCHMALZKÜCHLEIN

100 g weiche Butter
150 g Zucker
4 Eier
1 Prise Salz
1 Päckchen Vanillezucker
1 TL gemahlener Ingwer
3 EL Rum
500 g Mehl
1 Päckchen Backpulver

Außerdem:

Mehl zum Bearbeiten
Fett zum Ausbacken
Puderzucker zum Besieben

SCHMALZBREZELN

500 g Mehl
30 g Hefe, 100 g Zucker
¼ Liter lauwarme Milch
80 g weiche Butter
1 Prise Salz
1 TL abgeriebene unbehandelte Zitronenschale
2 TL getrocknete Holunderblüten
1 Ei

Außerdem:

Fett zum Ausbacken
feiner Zucker zum Bestreuen

SCHMALZKÜCHLEIN

Butter, Zucker, Eier und Salz schaumig schlagen. Vanillezucker, Ingwer und Rum einrühren. Das Mehl mit dem Backpulver vermischen, sieben und nach und nach einarbeiten. Den Teig auf bemehlter Fläche 1 Zentimeter dick ausrollen und Formen ausstechen – Kreise, Rhomben, Quadrate, Rechtecke – und schwimmend in heißem Fett goldbraun ausbacken. Mit einem Schaumlöffel herausnehmen, abtropfen lassen und mit Puderzucker besieben.

SCHMALZBREZELN

Das Mehl in eine Schüssel sieben, in die Mitte eine Vertiefung drücken. Die Hefe und 1 Teelöffel Zucker in etwas lauwarmer Milch verquirlen und in die Vertiefung geben. Etwas Mehl vom Mehlrand einrühren und einen Vorteig bereiten. Zugedeckt 20 Minuten gehen lassen.
Butter, Salz, Zitronenschale, Holunderblüten, Ei und den restlichen Zucker auf den Mehlrand geben und alle Zutaten von der Mitte her zu einem glatten Teig verkneten, dabei die restliche Milch zugeben. Zugedeckt 30 Minuten gehen lassen.

Den Teig zusammenstoßen und nochmals durchkneten. 1 Zentimeter dicke, gut 30 Zentimeter lange Rollen drehen und zu Brezeln formen. 15 Minuten zugedeckt gehen lassen. Schwimmend in heißem Fett goldbraun ausbacken, herausnehmen mit Zucker bestreuen.

Variante:

Man kann die gedrehten Rollen auch zu lustigen Ringen formen, indem man jeweils die Enden wie zu einem Knoten umeinander schlingt.

Tipp:

Der Teig der Schmalzbrezeln lässt sich auch für Krapfen verwenden. Dafür den Teig fingerdick ausrollen und mit einem Weinglas Kreise ausstechen. Auf die Hälfte der Kreise einen Klecks Marmelade geben, einen Teigkreis obenauf legen und die Ränder festdrücken. Zugedeckt 10 Minuten gehen lassen, danach mit der Unterseite nach oben in das erhitzte Fett geben. Zunächst schwimmend auf einer Seite goldbraun backen, dann umwenden und fertig backen. Mit einem Schaumlöffel herausnehmen, gut abtropfen lassen und in feinem Zucker wälzen.

MILCHZOPF

1 kg Mehl
60 g Hefe
125 g Zucker
½ Liter lauwarme Butter-
milch
150 g weiche Butter
½ TL Salz
2 TL abgeriebene unbe-
handelte Orangenschale
4 EL Weinbrand
2 Eigelb
2 EL Milch
100 g gehackte Mandeln
Mehl zum Bearbeiten
Butter für das Backblech

Tipp:
*Mit diesen Mengen kön-
nen Sie auf üblichem
Blech auch leicht 2 Zöpfe
formen und backen.*

Das Mehl in eine Schüssel
sieben, in die Mitte eine Vertiefung drücken. Die Hefe zerbröckeln und mit etwas Zucker in
die Vertiefung geben. Die
lauwarme Buttermilch zugießen,
Mehl vom Rand darüber geben
und zu einem Brei verrühren.
Zugedeckt 30 Minuten gehen
lassen.
Butter, den restlichen Zucker,
Salz, Orangenschale und Weinbrand zugeben und alles zu
einem glatten Teig verkneten.
Den Teig so lange kneten, bis er
sich vom Schüsselrand löst.
Zugedeckt 30 Minuten gehen
lassen.
Den Teig auf bemehlter Fläche
nochmals durchkneten und in
drei – oder sechs – gleich große
Stücke teilen. Daraus ein oder
zwei Zöpfe flechten. Ein Backblech ausbuttern, den Zopf oder
die Zöpfe auflegen. Eigelb und
Milch verrühren, Zopf damit
bestreichen, mit Mandeln
bestreuen und weitere 10
Minuten gehen lassen. Im vorgeheizten Backofen bei 180 °C
(Gas: Stufe 2, Umluft 160 °C)
etwa 35 Minuten backen.

Varianten:
Der Zopf lässt sich jederzeit
abwandeln und verfeinern,
zum Beipiel mit Rosinen im Teig
oder mit Mandelblättchen oder
Hagelzucker statt gehackten
Mandeln bestreut.

*E*in Hefezopf kommt immer
*gut an. Es gibt auch kaum
eine Tages-, Nacht- und Jahres-
zeit, zu der er nicht schmeckt.
Zum gesteigerten Genuss soll
hier noch ein Rezept verraten
werden, das nicht alltäglich ist:*
**ERDBEER-INGWER-
KONFITÜRE**
aus 1 Kilogramm Erdbeeren,
1 Esslöffel geschältem, fein
geschnittenen Ingwer sowie
1 Kilogramm Gelierzucker. Die
Erdbeeren waschen und putzen,
in einem Topf mit Ingwer und
Zucker 4 Minuten sprudelnd
aufkochen lassen. Vom Herd
nehmen und in vorbereitete
Gläser füllen. Diese nach dem
Abkühlen gut verschließen.

PIKANTE HÖRNCHEN
KRÄUTER-PIROSHKI

PIKANTE HÖRNCHEN

Für den Teig:
500 g Mehl
30 g Hefe, 1 TL Zucker
knapp ¼ Liter lauwarme
Milch
1 TL Salz
2 TL Kümmel, ganz oder
gemahlen
80 g Butter, 1 Ei
Butter für das Backblech
Mehl zum Bearbeiten

Außerdem:
2 Eigelb zum Bestreichen
Kümmel und Reibekäse
zum Bestreuen

KRÄUTER-PIROSHKI

Für den Teig:
500 g Mehl
20 g Hefe
¼ Liter lauwarme Milch
½ TL Salz, 80 g Butter

Für die Füllung:
50 g Schnittlauchröllchen
60–80 g Sauerampfer
je 5 g Pfefferminz- und
Korianderblätter
6 EL fein gehackte
Zwiebeln
1 TL Paprikapulver edel-
süß
½ TL Salz
8 EL Öl

2 Eiweiß zum Bestreichen
200 ml dicke saure Sahne

PIKANTE HÖRNCHEN

Das Mehl in eine Schüssel
sieben, in die Mitte eine Vertiefung drücken. Hefe und Zucker
in etwas lauwarmer Milch verrühren, in die Vertiefung gießen,
etwas Mehl vom Rand dazugeben
und einen breiartigen Vorteig
rühren. Zugedeckt an einem
warmen Ort 20 Minuten gehen
lassen.
Auf dem Mehlrand Salz, Kümmel, Butter in Flöckchen und
das Ei verteilen. Die Zutaten von
der Mitte her zu einem glatten,
geschmeidigen Teig verkneten,
dabei die restliche Milch zugeben. Zugedeckt 30 Minuten
gehen lassen.
Ein Backblech ausbuttern. Den
Teig zusammenstoßen, auf
bemehlter Fläche durchkneten
und ausrollen. 10 Zentimeter
große Quadrate schneiden, zu
Hörnchen formen und auf das
Backblech legen. Leicht mit
Mehl bestäuben und nochmals
15 Minuten gehen lassen.
Mit Eigelb bestreichen und mit
Kümmel und Reibekäse be-
streuen. Im vorgeheizten Backofen bei 220 °C (Gas: Stufe 4,
Umluft 200 °C) etwa 15 Minuten
backen.

KRÄUTER-PIROSHKI

Für den Teig das Mehl in eine
Schüssel sieben, in die Mitte eine
Vertiefung drücken. Die Hefe in
etwas lauwarmer Milch verrühren, in die Vertiefung gießen,
etwas Mehl darüber geben.
An einem warmen Ort zugedeckt
20 Minuten gehen lassen.
Auf dem Mehlrand das Salz und
die Butter in Flöckchen verteilen.
Von der Mitte her die Zutaten zu
einem geschmeidigen Teig
verkneten. Zugedeckt an einem
warmen Ort 30 Minuten gehen
lassen.

Für die Füllung Schnittlauch,
Sauerampfer, Minze, Koriander,
Zwiebeln, Paprikapulver, Salz und
Öl verrühren. Den Teig nochmals
durchkneten und auf bemehlter
Fläche ausrollen. Aus dem Teig
Kugeln (wie für Klöße) formen,
flach drücken und die mit Eiweiß
eingestrichenen Ränder jeweils
von drei Seiten her über die Füllung legen, sodass eine dreieckige
Pastete mit kleiner Öffnung in
der Mitte entsteht. Die Kräuter-
mischung in die Öffnung geben,
danach die Teigstücke mit saurer
Sahne bestreichen. Im vorgeheizten Backofen bei 200 °C
(Gas: Stufe 3, Umluft 180 °C)
etwa 20 Minuten backen.

MOHN-SCHINKENTASCHEN SPECKBRÖTCHEN

MOHN-SCHINKEN-TASCHEN

500 g Tiefkühl-Blätterteig
Mehl zum Bearbeiten
300 g gekochter Schinken
2 mittelgroße Zwiebeln
1 EL Butterschmalz
2 Eigelb
4 EL Mohn

SPECKBRÖTCHEN
Für den Teig:
500 g Mehl
30 g Hefe
¼ Liter lauwarme Milch
1 Ei
50 g Butter
½ TL Salz
Mehl zum Bearbeiten
Butter für das Backblech

Für die Füllung:
3 Zwiebeln
200 g durchwachsener
Speck
1 EL Butterschmalz

Außerdem:
2 Eigelb zum Bestreichen

SCHINKENTASCHEN MIT MOHN

Den Blätterteig auftauen und auf bemehlter Fläche ausrollen. Mit einem Teigrädchen Quadrate von 8 x 8 Zentimeter ausrädeln.
Für die Füllung den Schinken in Würfel schneiden. Die Zwiebeln schälen und fein hacken.
Das Butterschmalz erhitzen, Schinken und Zwiebeln zugeben und etwa 5 Minuten dünsten. Auskühlen lassen.
Die Masse auf die Hälfte der Teigquadrate geben und die restlichen Teigquadrate aufsetzen. Die Ränder andrücken. Die Quadrate mit verquirltem Eigelb bestreichen und mit Mohn bestreuen. Ein Backblech mit Backpapier belegen, die Schinkentaschen darauf geben und im vorgeheizten Backofen bei 200 °C (Gas: Stufe 3, Umluft 180 °C) etwa 20 Minuten backen.

SPECKBRÖTCHEN

Das Mehl in eine Schüssel sieben, in die Mitte eine Vertiefung drücken. Die Hefe in ⅛ Liter lauwarmer Milch verquirlen, in die Vertiefung gießen, etwas Mehl vom Rand dazugeben und einen breiartigen Vorteig herstellen. Zugedeckt an einem warmen Ort 20 Minuten gehen lassen.
Ei, Butter und Salz auf dem Mehlrand verteilen. Von der Mitte her die Zutaten verkneten, dabei die restliche Milch zugeben. Zugedeckt 20 Minuten gehen lassen.
Für die Füllung Zwiebeln schälen und fein hacken, Speck klein würfeln. In einer Pfanne Butterschmalz erhitzen, Zwiebeln und Speck hineingeben und goldbraun braten. Vom Herd nehmen und auskühlen lassen.
Den Teig zusammenstoßen, auf bemehlter Fläche durchkneten, zu einer Rolle formen und in 12 Stücke teilen. Jedes Stück ausrollen und mit der Speck-Zwiebel-Mischung bestreichen. Danach die Teigstücke zu ovalen Brötchen formen, mit einem Messer mehrmals schräg einkerben und mit Eigelb bestreichen. Ein Backblech ausbuttern, die Brötchen darauf setzen und bei 200 °C (Gas: Stufe 3, Umluft 180 °C) etwa 25 Minuten backen.

BROTE NICHT NUR ZUM FRÜHSTÜCK

FRÜHSTÜCKSBROT MIT ERDNÜSSEN

500 g Roggenmehl
500 g Weizenmehl
60 g Hefe, ½ TL Zucker
150 g Sauerteig (vom Bäcker)
1 TL Salz
6 EL Sirup
200 g gehackte, geröstete Erdnüsse
Mehl zum Bearbeiten
Butter für das Backblech

NUSSBROT

500 g Mehl
30 g Hefe, ½ TL Zucker
2 EL gehackte Schalotten
125 g gehackte, geröstete Walnüsse
1 TL Salz
Mehl zum Bearbeiten
Butter für das Backblech

Außerdem:

Walnussöl zum Bestreichen
Salz und Pfeffer zum Bestreuen
Walnusshälften zum Verzieren

FRÜHSTÜCKSBROT MIT ERDNÜSSEN

Beide Mehlsorten vermischen und in eine Schüssel sieben. Zerbröckelte Hefe und Zucker in 200 Milliliter lauwarmem Wasser verrühren, in die Vertiefung gießen, mit etwas Mehl vom Rand zu einem breiartigen Vorteig verrühren. Zugedeckt 30 Minuten an einem warmen Platz stellen.
Sauerteig, Salz und Sirup mit 200 Milliliter Wasser verrühren, auf dem Mehlrand verteilen. Die Zutaten von der Mitte her zu einem glatten Teig verkneten, dabei die Erdnüsse unterkneten. Den Teig gut durchkneten. Zugedeckt 1 Stunde an einen warmen Platz stellen.
Ein Backblech ausbuttern. Den Teig durchkneten, in eine runde Form bringen, auf das Backblech legen, mit lauwarmem Wasser bestreichen und mit dem Messer mehrmals einritzen. Im vorgeheizten Backofen bei 200 °C (Gas: Stufe 3, Umluft 180 °C) etwa 50 Minuten backen. Herausnehmen und zum Auskühlen auf ein Kuchengitter setzen.

NUSSBROT

Das Mehl in eine Schüssel sieben, in die Mitte eine Vertiefung drücken. Hefe und Zucker in ⅛ Liter lauwarmem Wasser verrühren, in die Vertiefung gießen, etwas Mehl vom Rand dazugeben und einen breiartigen Vorteig rühren. Zugedeckt 20 Minuten an einen warmen Platz stellen.
Auf dem Mehlrand Schalotten, Walnüsse und Salz verteilen. Die Zutaten von der Mitte her verkneten, dabei noch ⅛ Liter Wasser zugeben.
Den Teig gut durchkneten. Zugedeckt 45 Minuten gehen lassen.
Ein Backblech ausbuttern. Den Teig nochmals auf bemehlter Fläche durchkneten, in eine ovale oder runde Form bringen, 10 Minuten gehen lassen.
Mit Walnussöl bestreichen, mit Salz und Pfeffer bestreuen und mit Walnusshälften verzieren. Im vorgeheizten Backofen bei 200 °C (Gas: Stufe 3, Umluft 180 °C) etwa 50 Minuten backen.
Herausnehmen und auf einem Kuchengitter abkühlen lassen.

FRÜHLINGSBROT

500 g Mehl
30 g Hefe
1 kräftige Prise Zucker
knapp ¼ Liter lauwarme
Milch
5 Schalotten, fein gehackt
1 Bund glatte Petersilie,
fein geschnitten
3 EL Kerbel, fein gewiegt
½ TL Salz
1 TL gemahlener Kümmel
80 g weiche Butter
1 Ei
Mehl zum Bearbeiten
Butter für das Blech
1 Eigelb zum Bestreichen
Salz und Kümmel zum
Bestreuen

Das Mehl in eine Schüssel sieben, in die Mitte eine Vertiefung drücken. Hefe und Zucker in ⅛ Liter lauwarmer Milch auflösen, in die Vertiefung gießen, etwas Mehl vom Rand zufügen und einen breiartigen Vorteig bereiten. Zugedeckt 20 Minuten an einen warmen Platz stellen. Auf dem Mehlrand Schalotten, Petersilie, Kerbel, Salz, Kümmel, die Butter in Flöckchen und das Ei anordnen. Von der Mitte her die Zutaten verkneten, dabei die restliche Milch zugeben. Den Teig gut durchkneten. Zugedeckt 45 Minuten gehen lassen.
Den Teig auf bemehlter Fläche durchkneten, in eine ovale oder runde Brotform bringen, mit Eigelb bestreichen und mit Salz und Kümmel bestreuen. Ein Backblech ausbuttern, das Brot auflegen und im vorgeheizten Backofen bei 200 °C (Gas: Stufe 3, Umluft 180 °C) etwa 50 Minuten backen.

Süße Varianten:

Anstelle von Schalotten und Kräutern kann man dem Teig auch 4 frisch gepflückte, gesäuberte und zerteilte Holunderblütendolden oder 100 Gramm getrocknete Holunderblüten zugeben. Oder statt dem Salz und dem Kümmel 2 Esslöffel Zucker und 1 Päckchen Vanillezucker zum Teig geben.
Das Brot vor dem Backen mit Eigelb bestreichen.

Formvarianten:

Aus dem Teig lassen sich auch knusprige Hörnchen oder Brötchen herstellen. Dafür den Teig entsprechend unterteilen und formen sowie leicht mit Mehl bestreuen. Ein Backblech ausbuttern, die Teigstücke darauf legen und 20 Minuten gehen lassen. Mit Eigelb bestreichen und nach Belieben mit Salz und Kümmel bestreuen. Im vorgeheizten Backofen bei 200 °C (Gas: Stufe 3, Umluft 180 °C) etwa 35 Minuten backen.

ANISBROT
SAFRANBROT

ANISBROT

1 kg Mehl
60 g Hefe
200 g Zucker
400 ml lauwarme Milch
150 g Butter
2 Eier
1 TL abgeriebene unbehandelte Zitronenschale
½ TL Salz
1 EL gemahlener Anis
je 50 g fein geschnittenes Zitronat und Orangeat
Mehl zum Bearbeiten
Butter für das Backblech
2 Eigelb
brauner Rohrzucker zum Bestreuen

SAFRANBROT

500 g Mehl
35 g Hefe
1 Prise Zucker
180 ml lauwarme Milch
1 kräftige Prise gemahlener Safran
1 Ei
125 g weiche Butter
1 kräftige Prise Salz
Mehl zum Bearbeiten
Butter für die Backform
2 EL Milch zum Bestreichen

ANISBROT

Das Mehl in eine Schüssel sieben, in die Mitte eine Vertiefung drücken. Hefe und 1 Teelöffel Zucker in 200 Milliliter lauwarmer Milch verrühren, in die Vertiefung gießen, so viel Mehl vom Rand zufügen, dass ein breiartiger Vorteig entsteht. Zugedeckt an einem warmen Platz 30 Minuten gehen lassen.

Auf dem Mehlrand restlichen Zucker, Butter in Flöckchen, Eier, Zitronenschale, Salz, Anis, Zitronat und Orangeat verteilen, die Zutaten von der Mitte her verkneten, die restliche Milch zufügen. Den Teig kräftig durchkneten. Zugedeckt 45 Minuten an einen warmen Platz stellen. Ein Backblech ausbuttern. Den Teig nochmals durchkneten, auf bemehlter Fläche zu einem ovalen Brot formen, auf das Blech legen, mit Eigelb bestreichen und mit Rohrzucker bestreuen. Im vorgeheizten Backofen bei 200 °C (Gas: Stufe 3, Umluft 180 °C) etwa 45 Minuten backen, nach etwa der Hälfte der Zeit abdecken, damit die Oberfläche nicht zu dunkel wird. Herausnehmen, noch einige Minuten auf dem Backblech lassen, dann auf einem Kuchengitter auskühlen lassen.

SAFRANBROT

Das Mehl in eine Schüssel sieben, in die Mitte eine Vertiefung drücken. Die Hefe mit dem Zucker in ⅛ Liter lauwarmer Milch verrühren, in die Vertiefung gießen, etwas Mehl vom Rand dazugeben und einen breiartigen Vorteig herstellen. Zugedeckt 20 Minuten an einem warmen Ort gehen lassen. Den Safran in 1 Esslöffel warmem Wasser auflösen und mit dem Ei, der Butter und dem Salz auf dem Mehlrand verteilen. Von der Mitte her die Zutaten zu einem glatten Teig verkneten, dabei die restliche Milch zugeben. Zugedeckt 45 Minuten gehen lassen. Den Teig mit bemehlten Händen durchkneten und in eine ovale Form bringen. Mit Milch bestreichen. Ein Backblech ausbuttern, das Brot auflegen und im vorgeheizten Backofen bei 200 °C (Gas: Stufe 3, Umluft 180 °C) etwa 30 bis 35 Minuten backen. Herausnehmen, noch einige Minuten auf dem Backblech lassen, dann auf einem Kuchengitter auskühlen lassen.

Frühstücksgebäck

KUCHEN VOM BLECH

APFELKUCHEN

Für den Teig:
300 g weiche Butter
200 g Zucker
1 Prise Salz
1 TL abgeriebene unbe-
handelte Zitronenschale
4 Eier
8 EL Milch
4 EL Rosenwasser
400 g Mehl
100 g Stärkemehl
1 Päckchen Backpulver

Für den Belag:
150 g Aprikosenkonfitüre
2 EL Obstgeist
1 kg mittelgroße Äpfel
150 g Mandelstifte
Puderzucker zum Besieben

Für den Teig in einer Schüssel die Butter schaumig schlagen. Zucker, Salz, Zitronenschale, Eier, Milch und Rosenwasser unterschlagen. Mehl, Stärkemehl und Backpulver vermischen, sieben und nach und nach einrühren. Ein Backblech mit Backpapier auslegen, den Teig darauf geben.

Für den Belag die Konfitüre mit dem Obstgeist verrühren. Die Äpfel schälen, halbieren, das Kernhaus herausschneiden. Anstelle des Kernhauses einen Klecks Konfitüre geben. Die Apfelhälften auf dem Teig anordnen und etwas hineindrücken. Mit Mandelsplittern bestreuen. Im vorgeheizten Backofen bei 200 °C (Gas: Stufe 3, Umluft 180 °C) etwa 40 Minuten backen.
Herausnehmen, auskühlen lassen, mit Puderzucker besieben.

Variante:
Zu einem „Knusperkuchen" wird das Backwerk, wenn man Streusel obenauf gibt. Dafür 250 Gramm Mehl in eine Schüssel sieben und mit 150 Gramm Zucker und 1 Päckchen Vanillezucker vermischen. 150 Gramm Butter oder Butterschmalz in Flöckchen dazugeben. Alles zu Streuseln vermengen und auf dem Teig verteilen.

Kuchen vom Blech

KIRSCHKUCHEN
ZITRONENKUCHEN

KIRSCHKUCHEN
Für den Teig:
250 g Butter
250 g Zucker, 6 Eier
400 g Mehl
2 EL Stärkemehl
1 Päckchen Backpulver
3 EL Kakao
Butter für das Backblech
1,5 kg entsteinte Sauer-
kirschen

Für die Creme:
250 g Butter
1 Päckchen Puddingpulver
Vanillegeschmack
3 EL Zucker
½ Liter Milch
300 g Zartbitterschokolade

ZITRONENKUCHEN
Für den Teig:
350 g Butter
350 g Zucker, 6 Eier
2 TL abgeriebene unbe-
handelte Zitronenschale
Saft von 1 Zitrone
450 g Mehl
50 g Stärkemehl
1 Päckchen Backpulver
50 ml Milch
Butter für das Backblech

Außerdem:
Saft von 2 Zitronen und
2 Orangen
150 g Puderzucker
Hagelzucker

KIRSCHKUCHEN
Für den Teig die Butter in einer Schüssel schaumig schlagen. Zucker und nach und nach die Eier einrühren. Mehl, Stärkemehl und Backpulver vermischen, auf die Butter-Ei-Masse sieben und einarbeiten.
Die Hälfte des Teiges mit Kakao mischen. Ein Backblech ausbuttern, den Kakaoteig darauf geben und glatt streichen, den hellen Teig darüber verteilen und mit Sauerkirschen belegen. Im vorgeheizten Backofen bei 200 °C (Gas: Stufe 3, Umluft 180 °C) etwa 35 Minuten backen. Herausnehmen und auskühlen lassen.
Für die Creme die Butter auf Zimmertemperatur bringen. Puddingpulver und Zucker in etwas kalter Milch glatt rühren. Die restliche Milch zum Kochen bringen, das angerührte Puddingpulver zugeben und unter Rühren kurz aufkochen lassen. Vom Herd nehmen, auskühlen lassen, ab und zu umrühren, damit sich keine Haut bildet. Die zimmerwarme Butter in einer Schüssel schaumig schlagen, den Pudding esslöffelweise einrühren. Die Buttercreme auf den ausgekühlten Kuchen streichen und mit geraspelter Schokolade verzieren.

ZITRONENKUCHEN
Für den Teig die Butter schaumig rühren. Nach und nach Zucker, Eier, Zitronenschale und Zitronensaft zugeben. Mehl, Stärkemehl und Backpulver vermischen, sieben und mit der Milch zugeben. Einen glatten Teig bereiten.
Ein Backblech ausbuttern, den Teig darauf geben und im vorgeheizten Backofen bei 200 °C (Gas: Stufe 3, Umluft 180 °C) etwa 30 Minuten backen. Herausnehmen und etwas auskühlen lassen. Zitronensaft, Orangensaft und Puderzucker verrühren. Mit einem Holzspieß Löcher in den Kuchen stechen, den Guss auf dem Kuchen verteilen. Mit Hagelzucker verzieren.

RHABARBERKUCHEN
STACHELBEERKUCHEN

RHABARBERKUCHEN
Für den Teig:
400 g Mehl
1 gestr. TL Backpulver
150 g Butter, 125 g Zucker
1 Ei, 1 Prise Salz
½ TL abgeriebene unbe-
handelte Zitronenschale
Mehl zum Bearbeiten

Für den Belag:
1 kg Rhabarber
1 EL Weißwein
100 g Butter
¼ Liter Milch
1 Päckchen Puddingpulver
Vanillegeschmack
200 g Zucker
200 g Schmand, 3 Eier
100 g Mandelblättchen

STACHELBEERKUCHEN
Für den Teig:
450 g Mehl
1 gestr. TL Backpulver
150 g kalte Butter
100 g Zucker
1 Ei, 1 Prise Salz
½ TL abgeriebene unbe-
handelte Zitronenschale
2 EL gemahlene Mandeln

Für den Belag:
1 kg Stachelbeeren
4 EL Stärkemehl
½ Liter Weißwein
250 g Zucker
4 EL Semmelbrösel
125 g gehackte Mandeln
6 Eiweiß

RHABARBERKUCHEN

Mehl und Backpulver vermischen und in eine Schüssel sieben. In die Mitte eine Vertiefung drücken, die Butter in Stückchen, Zucker, Ei, Salz und Zitronenschale in die Vertiefung geben, mit Mehl bedecken und alles rasch zu einem glatten, geschmeidigen Teig verkneten. 30 Minuten kühl stellen. Inzwischen den Rhabarber putzen, waschen, in Stücke schneiden und mit 1 Esslöffel Weißwein bei milder Hitze 2 Minuten dünsten. Kühl stellen.

Die Butter zerlassen. Milch und Puddingpulver verrühren. Zucker, Schmand, Eier und die Butter unterrühren. Den Teig ausrollen. Ein Backblech mit Backpapier auslegen, den Teig darauf geben und mehrmals mit einer Gabel einstechen und mit Mandelblättchen belegen. Rhabarber auflegen und die Eiermilch darüber verteilen. Im vorgeheizten Backofen bei 200 °C (Gas: Stufe 3, Umluft 180 °C) etwa 35 Minuten backen.

STACHELBEERKUCHEN

Mehl und Backpulver vermischen, auf ein Backbrett sieben, in die Mitte eine Mulde drücken. Die Butter in Stücken, Zucker, Ei, Salz, Zitronenschale und Mandeln in die Mulde geben und alles zu einem geschmeidigen Teig verkneten. 30 Minuten kalt stellen. Stachelbeeren putzen, waschen, abtropfen lassen. Stärkemehl in etwas Weißwein glatt rühren. Den restlichen Weißwein mit 200 Gramm Zucker zum Kochen bringen, die Stachelbeeren hineingeben und 5 Minuten köcheln lassen.

Die Stachelbeeren mit einer Schaumkelle herausnehmen, das angerührte Stärkemehl in die Flüssigkeit rühren, kurz aufwallen lassen. Die Stachelbeeren dazugeben und kalt stellen. Ein Backblech ausbuttern. Den Teig ausrollen und auf das Blech geben. Einen Rand hochziehen. Im vorgeheizten Backofen bei 200 °C (Gas: Stufe 3, Umluft 180 °C) 10 Minuten vorbacken. Den Teig mit Semmelbröseln bestreuen, die Stachelbeermasse darauf geben und mit Mandeln bestreuen. Das Eiweiß mit dem restlichen Zucker steif schlagen und über die Stachelbeermasse ziehen. Noch 10 Minuten backen.

Kuchen vom Blech

BROMBEERKUCHEN

APRIKOSENKUCHEN

BROMBEERKUCHEN

Teig: 350 g Mehl
2 TL Backpulver
100 g Zucker
1 Päckchen Vanillezucker
1 Prise Salz, 1 Ei
4 EL Milch
150 g kalte Butter
Butter für das Backblech

Belag: 300 g Crème
fraîche
2 Päckchen Vanillezucker
1 TL abgeriebene unbehandelte Orangenschale
1 kg frische Brombeeren
Puderzucker zum Besieben

Streusel: je 150 g Butter,
Zucker und Mehl

APRIKOSENKUCHEN

Teig: 250 g Mehl
½ Päckchen Backpulver
125 g Zucker
1 Päckchen Vanillezucker
2 Eier
125 g kalte Butter
Butter für das Backblech
Mehl für die Arbeitsfläche

Belag: 250 g Tiefkühl-Blätterteig
300–340 g (1 Glas) Aprikosenkonfitüre
1 kg Aprikosen
je 250 g Butter, Zucker
und gehackte Mandeln
2 EL Honig
2 Eier, 2 EL Milch

BROMBEERKUCHEN

Für den Teig Mehl und Backpulver vermischen, in eine Schüssel sieben. In die Mitte eine Vertiefung drücken. Zucker, Vanillezucker, Salz und Ei in die Mulde geben und einen Brei bereiten. Die kalte Butter in Stücken darauf geben, mit Mehl bedecken und die Zutaten von der Mitte her rasch zu einem glatten Teig verkneten. 30 Minuten kalt stellen. Ein Backblech ausbuttern. Den Teig ausrollen, auf das Backblech geben, einen Rand hochziehen. Crème fraîche mit Vanillezucker und Orangenschale verrühren, auf den Teig streichen. Die gewaschenen, abgetropften Brombeeren darauf anordnen.
Aus Butter, Zucker und Mehl Streusel bereiten und über die Brombeeren streuen. Im vorgeheizten Backofen bei 200 °C (Gas: Stufe 3, Umluft 180 °C) etwa 25 Minuten backen. Herausnehmen, auskühlen lassen. Mit Puderzucker besieben.

APRIKOSENKUCHEN

Zuerst den Blätterteig auftauen.
Für den Teig Mehl und Backpulver vermischen und in eine Schüssel sieben. In die Mitte eine Vertiefung drücken. Zucker, Vanillezucker und Eier hinein-
geben und mit einem Teil des Mehls einen dicken Brei herstellen. Die kalte Butter in Stücken auf den Brei geben und mit Mehl bedecken. Von der Mitte her alles rasch zu einem glatten Teig verkneten. 1 Stunde kalt stellen.
Ein hohes Backblech ausbuttern. Den Teig zu einer Rolle formen, auf bemehlter Fläche ausrollen und auf das Backblech geben. Den Teigboden mit einer Gabel mehrmals einstechen. Die Aprikosenkonfitüre aufstreichen. Die Aprikosen waschen, trockentupfen, halbieren, entsteinen, in Spalten schneiden und auf dem Teig anordnen. Den aufgetauten Blätterteig ausrollen und darauf legen.
Butter und Zucker in einem Topf erhitzen, Mandeln und Honig einrühren, alles kurz aufwallen lassen. Vom Herd nehmen und etwas auskühlen lassen. Eier und Milch einrühren, die Masse auf den Blätterteig streichen. Den Kuchen im vorgeheizten Backofen bei 200 °C (Gas: Stufe 3, Umluft 180 °C) etwa 30 Minuten backen, dann für die restlichen 15 Minuten Hitze auf 150 °C verringern, falls der Belag bereits gut gebräunt ist. Herausnehmen und nach Geschmack noch warm servieren.

Für den Teig:
400 g Mehl
25 g Hefe
80 g Zucker
200 ml lauwarme Milch
100 g weiche Butter
1 Prise Salz
1 Päckchen Vanillezucker
Mehl zum Bearbeiten
Butter für das Backblech

Für den Belag:
1 Päckchen Puddingpulver
Vanillegeschmack
½ Liter Milch
3 EL Zucker
125 g Rosinen
125 g gehackte Mandeln
1,5 kg Johannisbeeren

250 g Kokosraspel
200–250 g Zucker
100 g Mehl
1 Ei
125 g Butter
125 g saure Sahne

Für die Glasur:
50 g Kokosfett
180–200 g Puderzucker
4 EL Kakao

Für den Teig das Mehl in eine Schüssel sieben, in die Mitte eine Mulde drücken. Die Hefe mit 1 Teelöffel Zucker in etwas lauwarmer Milch verrühren, in die Vertiefung gießen, etwas Mehl darüber streuen. Zugedeckt 20 Minuten gehen lassen. Auf dem Mehlrand den restlichen Zucker, die Butter in Flöckchen, Salz und Vanillezucker verteilen und von der Mitte her die Zutaten zu einem glatten Teig verkneten, dabei die restliche Milch zufügen. Zugedeckt 30 Minuten gehen lassen.

Für den Belag das Puddingpulver in etwas kalter Milch verrühren. Die restliche Milch mit 3 Esslöffeln Zucker zum Kochen bringen, das Puddingpulver einrühren, aufkochen lassen, vom Herd nehmen und kalt stellen. Ab und zu umrühren, damit sich keine Haut bildet. Die Rosinen waschen, trockentupfen und zusammen mit den Mandeln in den Pudding rühren. Die Johannisbeeren waschen und von den Rispen streifen. Ein Backblech ausbuttern. Den Teig nochmals durchkneten, auf bemehlter Fläche ausrollen und auf das Backblech geben. Einen Rand hochziehen, den Teig mit

einer Gabel mehrmals einstechen. Den Pudding aufstreichen und mit den Beeren belegen. Die Kokosraspel mit Zucker, Mehl, Ei, Butter und Sahne verrühren. Mit einem Löffel kleine Fladen auf die Beeren setzen. Den Kuchen im vorgeheizten Backofen bei 200 °C (Gas: Stufe 3, Umluft 180 °C) etwa 40 Minuten backen. Herausnehmen und auskühlen lassen.

Für die Glasur das Kokosfett zerlassen und auskühlen lassen. Inzwischen den Puderzucker sieben und mit Kakao, 2 Esslöffeln heißem Wasser und dem Kokosfett verrühren. Die Glasur in spiralförmigen Mustern auf dem Kuchen verteilen.

Tipp:
Wer Kokosmasse übrig hat, kann daraus leicht nebenher kleine Makronen backen – bei 180 °C in 15 Minuten – und mit der restlichen Schokoladenglasur verzieren.

Für den Teig:
300 g Mehl
20 g Hefe
50 g Zucker
100 ml lauwarme Milch
80 g Butter
1 Ei
Mehl zum Bearbeiten
Butter für das Backblech

Für den Belag:
1 kg Heidelbeeren
300 g abgetropfter Quark
(40 %)
200 g Schmand
⅛ Liter Schlagsahne
1 Ei
2 EL Stärkemehl
3 EL Zucker
½ TL abgeriebene unbehandelte Zitronenschale
Saft von ½ Zitrone

Für den Guss:
500 g Schmand
2 Eier
100 g Zucker

Tipp:
Das Backblech sollte einen mindestens 4 Zentimeter hohen Rand haben.

Für den Teig das Mehl in eine Schüssel sieben und in die Mitte eine Vertiefung drücken. Die Hefe mit dem Zucker in etwas lauwarmer Milch verquirlen und in die Vertiefung gießen. Etwas Mehl vom Rand zugeben und einen breiartigen Vorteig rühren. Zugedeckt 20 Minuten gehen lassen.
Auf dem Mehlrand die Butter in Flöckchen und das Ei anordnen. Die Zutaten von der Mitte her zu einem glatten Teig verkneten, dabei die restliche Milch zugeben. Zugedeckt 30 Minuten gehen lassen.
Inzwischen die Heidelbeeren waschen und abtropfen lassen. Den Teig zusammenstoßen, durchkneten und auf bemehlter Fläche ausrollen. Ein Backblech ausbuttern, den Teig auflegen und einen Rand hochziehen. Den Teig mit einer Gabel mehrmals einstechen.

Für den Belag Quark und Schmand in eine Schüssel geben und mit Schlagsahne, Ei, Stärkemehl, Zucker, Zitronenschale und Zitronensaft verrühren. Die Quarkmasse auf den Teig streichen und mit den Heidelbeeren belegen.

Für den Guss den Schmand mit Eiern und Zucker verrühren und die Heidelbeeren damit überziehen. Im vorgeheizten Backofen bei 200 °C (Gas: Stufe 3, Umluft 180 °C) etwa 35 Minuten backen.

Die Heidelbeeren – auch Blaubeeren, Schwarzbeeren oder Bickbeeren genannt – haben von Juli bis September Saison. In manchen Gegenden werden dann regelrechte Feste abgehalten, so im August in den Vogesen. Heidelbeeren schmecken nicht nur köstlich, sie sind obendrein gesund, liefern sie doch die Vitamine A, B und C. Der immergrüne Zwergstrauch der Heidekrautgewächse liebt kalkarme Waldböden – Liebhaber der begehrten, zarten Früchtchen kennen die Waldflecken sehr gut, verraten sie aber selten. Gartenfreunde nennen sicherlich kultivierte Strauchheidelbeeren ihr Eigen. Die Sträucher werden bis zu 2 Meter hoch. Heidelbeeren eignen sich zum Einfrieren und Einkochen.

ZWETSCHGENKUCHEN

Für den Teig:
400 g Mehl
20 g Hefe
200 g Zucker
200 ml lauwarme Milch
200 g Butter
2 Eier
1 Prise Salz
2 EL gemahlene Mandeln
Mehl zum Bearbeiten
Butter für das Backblech

Für den Belag:
1–1,4 kg Zwetschgen
100 ml Leinöl nach
Geschmack
100–125 g Zucker

Tipp:
Einwandfreie, ungewaschene Zwetschgen – oder Pflaumen, siehe unten – halten sich im Gemüsefach des Kühlschranks etwa 3 Tage. Die Früchte erst kurz vor dem Zubereiten waschen und entsteinen!

Für den Teig das Mehl in eine Schüssel sieben, in die Mitte eine Vertiefung drücken. Die Hefe mit 1 Teelöffel Zucker in etwas lauwarmer Milch verquirlen, in die Vertiefung gießen, etwas Mehl darüber geben und zu einem Brei rühren. Zugedeckt 20 Minuten gehen lassen.
Auf dem Mehlrand den restlichen Zucker, die Butter in Flöckchen, Eier, Salz und Mandeln verteilen. Von der Mitte her die Zutaten zu einem geschmeidigen Teig verkneten, dabei die restliche Milch zugeben. Zugedeckt 30 Minuten gehen lassen.
Für den Belag die Zwetschgen waschen und entsteinen. Den Teig durchkneten, auf bemehlter Fläche ausrollen. Ein Backblech ausbuttern, den Teig auflegen und mit den Zwetschgen belegen. Das Leinöl darüber träufeln. Im vorgeheizten Backofen bei 200 °C (Gas: Stufe 3, Umluft 180 °C) etwa 35 Minuten backen.
Herausnehmen und sofort nach Belieben mit Zucker bestreuen.

Variante:
Statt mit Leinöl und Zucker kann man den Kuchen auch mit Streuseln bereiten. Dafür aus 200 Gramm Mehl, 150 Gramm Zucker und 150 Gramm Butter mit 2 Gabeln Streusel zubereiten und auf den Zwetschgen verteilen. Im vorgeheizten Backofen bei 200 °C (Gas: Stufe 3, Umluft 180 °C) etwa 40 Minuten backen. Herausnehmen, mit Butter beträufeln und nach Belieben mit feinem Zucker bestreuen.

Pflaume ist nicht gleich Pflaume. Die Pflaume schlechthin gibt es eigentlich gar nicht. „Pflaume ist vielmehr so etwas wie ein „Familienname". Zur Verwandtschaft gehören neben den echten, meist deutlich runden, oft auch größeren Pflaumen die länglich-ovalen blauen Zwetschgen, die kugeligen Mirabellen mit ihrer köstlichen Süße, die kleinen rundlichen Spillinge, die gelbgrünen Renekloden – auch Reineclaude geschrieben – und die kleinste von allen, die schwarzblaue Kriechenpflaume. Allen Pflaumen gemeinsam ist die wunderschöne reinweiße Blütenpracht. Dass süße, saftige Pflaumen den Magen beschweren und „Steine im Magen wachsen lassen", ist freilich ein Ammenmärchen aus dem Mittelalter!

CAROLAKUCHEN

Für den Teig:
500 g Mehl
1 Päckchen Backpulver
250 g Butter
125 g Zucker
1 Prise Salz
1 TL abgeriebene unbehandelte Orangenschale
2 Eier
3 EL Milch
Mehl zum Bearbeiten
Butter für das Backblech

Für den Belag:
175 g Butter
175 g Zucker
1 Päckchen Vanillezucker
1 TL abgeriebene unbehandelte Orangenschale
1 EL Stärkemehl
200 g gehackte Mandeln

Für den Teig Mehl und Backpulver vermischen. Butter, Zucker, Salz, Orangenschale, Eier und Milch verrühren, nach und nach das Mehl einarbeiten. Ein Backblech ausbuttern. Den Teig auf bemehlter Fläche ausrollen und auf das Backblech legen. In die Teigplatte leichte Vertiefungen drücken.

Für den Belag die Butter zerlassen und mit Zucker, Vanillezucker, Orangenschale, Stärkemehl und Mandeln vermischen. Die Masse häufchenweise in die Vertiefungen geben. Im vorgeheizten Backofen bei 200 °C (Gas: Stufe 3, Umluft 180 °C) etwa 25 Minuten backen.

VARIANTE:
Zu einem Glanzstück wird der Kuchen, wenn man den Teigboden, sobald er ausgerollt auf dem Backblech liegt, mit frischer Orangenmarmelade bestreicht und dann erst den Belag darauf verteilt. Dafür werden 12 Orangen und 2 Zitronen heiß abgewaschen, dünn abgeschält und ausgepresst. 8 weitere Orangen werden nur ausgepresst.
In einem Topf werden die Orangen- und Zitronenschalen mit 125 Gramm Zucker und 1/8 Liter Wasser zum Kochen gebracht und alles wird bei leichter Hitze unter Rühren 10 Minuten gekocht. In einem anderen Topf werden der ausgepresste Saft und 1 Kilogramm Gelierzucker zum Kochen gebracht, alles wird 3 Minuten sprudelnd gekocht, dann die Orangen- und Zitronenschalen zugegeben und noch 1 Minute gekocht.
Ein Drittel der Masse wird für den Kuchen beiseite gestellt, auskühlen gelassen und mit 3 Esslöffeln Orangenlikör verrührt. Die restliche Orangenmarmelade – Vorrat für die nächsten Carolakuchen oder köstlicher Belag für den Milchzopf von Seite 30 – in vorbereitete Gläaser füllen und verschließen.

Kuchen vom Blech

MARZIPANKUCHEN

Für den Teig:
300 g Mehl
2 gestrichene TL Back-
pulver
100 g Zucker
1 Päckchen Vanillezucker
1 Prise Salz
1 Ei
1 EL Milch
1 EL Rosenwasser
150 g kalte Butter

Für den Belag:
200 g Marzipan-Rohmasse
300 g Butter
250 g Zucker
1 Prise Salz
8 Eier
8 EL Mandellikör
300 g gemahlene Mandeln
500 g ganze, abgezogene
Mandeln
150 g Puderzucker

Für den Teig Mehl und Backpulver vermischen und in eine
Schüssel sieben. In die Mitte eine
Vertiefung drücken. Zucker,
Vanillezucker, Salz, Ei, Milch und
Rosenwasser in die Vertiefung
geben und mit einem Teil des
Mehls einen Brei bereiten. Die
Butter in Stückchen darauf geben
und von der Mitte her die Zutaten zu einem glatten Teig verkneten, 30 Minuten kalt stellen.
Ein Backblech mit Backpapier
auslegen, den Teig darauf geben
und im vorgeheizten Backofen
bei 180 °C (Gas: Stufe 2, Umluft
160 °C) 10 Minuten vorbacken.

Für den Belag die Marzipan-
Rohmasse mit Butter, Zucker und
Salz schaumig rühren. Die Eier
trennen. Nach und nach das
Eigelb einrühren und den Likör
zugeben. Das Eiweiß steif schlagen und mit den gemahlenen
Mandeln unter die Marzipanmasse ziehen. Den Belag auf den vorgebackenen Teig geben und die
ganzen, abgezogenen Mandeln
darauf anordnen. Im Backofen
bei 200 °C (Gas: Stufe 3, Umluft
180 °C) 20 Minuten backen.
Den Kuchen 5 Minuten vor
Backende mit Alufolie abdecken,
damit die Mandeln nicht zu dunkel werden.
Den Puderzucker einige Minuten
karamellisieren, etwas auskühlen
lassen, 6 Esslöffel heißes Wasser
unterrühren, den Kuchen damit
überziehen.

MOHNKUCHEN

Für den Teig:
400 g Mehl
2 TL Backpulver
125 g Zucker
1 Päckchen Vanillezucker
200 g kalte Butter
Butter für das Backblech

Für den Belag:
6 Eier
250 g Zucker
1 TL abgeriebene unbe-
handelte Zitronenschale
1 Prise Salz
5 EL Stärkemehl
400 g gemahlener Mohn
2 EL fein geschnittenes
Zitronat
3 EL Korinthen

Für den Teig Mehl und Backpulver vermischen, in eine Schüssel
sieben, in die Mitte eine Vertiefung drücken. Zucker, Vanillezucker und die kalte Butter in
Stückchen hineingeben.
Mit Mehl bedecken und von der
Mitte her rasch zu einem glatten
Teig verkneten. 30 Minuten kalt
stellen.
Ein Backblech ausbuttern. Drei
Viertel des Teiges ausrollen, auf
das Backblech geben und im vorgeheizten Backofen bei 200 °C
(Gas: Stufe 3, Umluft 180 °C)
10 Minuten backen. Aus dem
restlichen Teig Rollen formen.

Für den Belag die Eier trennen.
Das Eigelb in eine Schüssel geben
und mit 1 Esslöffel warmem Wasser schaumig schlagen. Nach und
nach den Zucker einrühren und
eine cremige Masse schlagen.
Zitronenschale und Salz zugeben.
Das Eiweiß steif schlagen und
unterheben. Das Stärkemehl aufsieben und unterheben, Mohn,
Zitronat und Korinthen ebenfalls
unterziehen.
Den vorgebackenen Teigboden an
den Rändern mit Teigrollen belegen und einen Rand hochziehen.
Die Mohnmasse auf dem Teigboden verteilen. Im vorgeheizten
Backofen bei 180 °C (Gas: Stufe
2, Umluft 160 °C) 25 Minuten
backen.

*M*it dem Samen des Schlaf-
mohns, aus dem unser
*Kuchen bereitet wird, hat der
verbreitete Klatschmohn nur
den Namen gemein, ein wahrer
Blickfang.*

GLASIERTE MARMELADEN-ROLLE

Für den Teig:
500 g Mehl
1 Päckchen Backpulver
150 g Zucker
2 Eier
2 EL Milch
1 Prise Salz
½ TL abgeriebene unbehandelte Zitronenschale
200 g kalte Butter
Mehl zum Bearbeiten
Butter für das Backblech

Für die Füllung:
500 g dicke Aprikosenkonfitüre
1 Ei
4 EL Obstgeist, falls gewünscht
125 g gemahlene Mandeln

Für den Guss:
400 g Zartbitterkuvertüre
50–100 g weiße Kuvertüre
kandierter Ingwer

Tipp:
Verzieren Sie zuletzt die Rolle mit Mustern, wie Sie wollen. Deshalb ist die Menge der benötigten weißen Kuvertüre auch variabel angegeben.

Für den Teig Mehl und Backpulver vermischen, in eine Schüssel sieben, in die Mitte eine Vertiefung drücken. Zucker, Eier, Milch, Salz und Zitronenschale in die Vertiefung geben, etwas Mehl einrühren und einen dicklichen Brei herstellen. Die Butter in Stücken darüber geben. Mit Mehl bedecken und von der Mitte her die Zutaten zu einem geschmeidigen Teig verkneten. 30 Minuten kalt stellen. Wenn der Teig noch klebt, geben Sie noch etwas Mehl zu.
Den Teig auf bemehlter Fläche zu einem Rechteck ausrollen.

Für die Füllung die Konfitüre durch ein Sieb streichen, mit dem Ei und eventuell dem Obstgeist verrühren und auf den Teig streichen. Die Mandeln darüber streuen oder gleich unter die Füllmasse mischen.
Den Teig aufrollen. Ein Backblech ausbuttern, den Rollkuchen auflegen und im vorgeheizten Backofen bei 200 °C (Gas: Stufe 3, Umluft 180 °C) etwa 30 Minuten backen.
Herausnehmen und auskühlen lassen.

Für den Guss die Zartbitterkuvertüre zerkleinern und im warmen Wasserbad schmelzen. Den Rollkuchen damit überziehen. Kalt stellen. Die weiße Kuvertüre im warmen Wasserbad schmelzen und damit Muster nach Lust und Laune über den Rollkuchen ziehen. Zuletzt mit kandiertem Ingwer garnieren.

Solch gerollte Gebilde verlangen meist einen geschmeidigen Biskuitteig. Wer einmal etwas anderes kennen lernen will, sollte sich unbedingt an dieses Rezept mit einem Mürbteig wagen. Die Rolle so zu formen, ist nicht ganz leicht. Das Ergebnis lohnt aber die Mühe, denn sie schmeckt einfach gehaltvoller. Dafür sollten Sie in Kauf nehmen, dass die Rolle schon einmal beim Backen reißen kann. Wichtig ist auch, eine eher feste, dicke Aprikosenkonfitüre zu verwenden. Mit einer geleeartigen Sorte würde die Füllung zu dünnflüssig. Entsprechend der Beschaffenheit und Ihrem Geschmack können Sie den Aprikosengeist auch weglassen.

Für den Teig:
250 g Butter
4 Eier
250 g Puderzucker
1 Päckchen Vanillezucker
1 Prise Salz
½ TL abgeriebene unbehandelte Zitronenschale
250 g Mehl
50 g Stärkemehl
2 gestrichene TL Backpulver

Für die Creme:
250 g Butter
1 Päckchen Puddingpulver Vanillegeschmack
2 EL Zucker
½ Liter Milch
150–200 g Butterkekse
etwas Weinbrand

Für den Guss:
je 250 g Kokosfett und Puderzucker
oder 300–400 g Kuvertüre
3 EL Kakao
2 Eier

Für den Teig die Butter in eine Schüssel geben und schaumig schlagen. Die Eier trennen. Eigelb, Puderzucker, Vanillezucker, Salz und Zitronenschale zur Butter geben und alles gut verrühren. Mehl, Stärkemehl und Backpulver vermischen, sieben und nach und nach einrühren. Das Eiweiß steif schlagen und unter den Teig heben. Ein Backblech mit Backpapier auslegen, den Teig darauf geben, im vorgeheizten Backofen bei 200 °C (Gas: Stufe 3, Umluft 180 °C) etwa 20 Minuten backen. Herausnehmen, mit dem Papier vom Backblech nehmen, das Papier ablösen. Den Kuchenboden kühl stellen.

Für die Creme die Butter auf Zimmertemperatur bringen. Das Puddingpulver mit dem Zucker in etwas kalter Milch verrühren. Die restliche Milch zum Kochen bringen, das angerührte Puddingpulver einrühren, kurz aufkochen lassen, vom Herd nehmen und auskühlen lassen. Ab und zu umrühren, damit sich keine Haut bildet.
Die zimmerwarme Butter schaumig rühren, den Pudding löffelweise einrühren. Die Creme auf dem Kuchenboden verteilen. Die Kekse in den Weinbrand tauchen und lückenlos auf der Buttercreme anordnen.

Für den Guss das Kokosfett zerlassen. Puderzucker und Kakao vermischen, die Eier unterrühren und nach und nach das Kokosfett einrühren. Die Kekse mit dem Guss überziehen.

Kuchen vom Blech

STREUSELKUCHEN

Für den Teig:
150 g Butter
250 g Zucker
4 Eier
300 g Mehl
2 gestrichene TL Back-
pulver
Butter für das Backblech

Für die Streusel:
300–350 g Mehl
250 g Zucker
2 Päckchen Vanillezucker
250 g Butter

Für die Glasur:
¼ Liter Schlagsahne
1 EL Zucker

Tipp:
Nach Belieben dem Teig
125 g gewaschene,
mit 2 EL Rum begossene
Rosinen zufügen. Wer
Schokoladenstreusel be-
vorzugt, gibt zur
Streuselmasse noch
2 EL Kakao.

Für den Teig die Butter in einer Schüssel schaumig rühren. Zucker und Eier einrühren. Mehl und Backpulver vermischen, sieben und nach und nach einarbeiten. Ein Backblech mit Butter fetten, den Teig darauf geben.

Für die Streusel das Mehl in eine Schüssel sieben und mit Zucker und Vanillezucker vermischen. Die Butter in Stückchen dazugeben, Streusel bereiten und gleichmäßig auf dem Teig verteilen. Im vorgeheizten Backofen bei 200 °C (Gas: Stufe 3, Umluft 180 °C) etwa 25 Minuten backen.
Herausnehmen, einige Minuten auskühlen lassen.
Die Sahne ungeschlagen mit dem Zucker verrühren und den Kuchen damit übergießen.

Variante:
Anstelle von Butter kann man für die Streusel Butterschmalz verwenden.

Manche „spitze Feder" hat Streuselkuchen zum Kaffee schon als Inbegriff deutscher Kaffee-Gemütlichkeit darzustellen versucht – und ein wenig Spießertum vermutet. Wen das alles nicht stört, der sollte diesen habhaft-leckeren Kuchen einfach genießen und dabei vielleicht an früher denken, als Großmutter oder Mutter der frische, noch warme Kuchen fast aus dem Backofen stibitzt wurde, um möglichst viel davon in möglichst kurzer Zeit zu essen. – Übrigens steht Streuselkuchen auch bei der deutschen Frauen-Fußball-Nationalmannschaft hoch im Kurs.

KÜRBISKUCHEN
PRASSELKUCHEN

KÜRBISKUCHEN

8 Eier, 2 EL Zucker
1 EL abgeriebene unbe-
handelte Orangenschale
2 EL Rum, 1 Prise Salz
je 150 g gemahlene Man-
deln und Pistazienkerne
500 g geraspeltes Kürbis-
fleisch
450 g Mehl
2 EL Stärkemehl
1 Päckchen Backpulver

Glasur:
200 g Puderzucker
3 EL Zitronensaft
Kürbiskerne

PRASSELKUCHEN

300 g Mehl, 20 g Hefe
3 EL Zucker
⅛ Liter lauwarme Milch
1 Messerspitze Salz
60 g Butterschmalz
½ TL abgeriebene unbe-
handelte Zitronenschale
1 EL gemahlene Mandeln
Butter für das Backblech
Mehl zum Bearbeiten

Belag:
250 g Aprikosenkonfitüre

Streusel:
200 g Mehl, 180 g Zucker
1 Päckchen Vanillezucker
150 g Butter, 1 kräftige
Prise Zimt

Für den Guss:
150 g Puderzucker

KÜRBISKUCHEN

Für den Teig die Eier trennen, Eiweiß beiseite stellen. Eigelb, Zucker, Orangenschale, Rum und Salz schaumig schlagen. Die Mandeln, Pistazien und das geraspelte Kürbisfleisch untermengen. Mehl, Stärkemehl und Backpulver vermischen, aufsieben und einarbeiten. Eiweiß zu steifem Schnee schlagen und unterheben. Ein Backblech mit Backpapier auslegen, den Teig darauf geben und im vorgeheizten Backofen bei 180 °C (Gas: Stufe 2, Umluft 160 °C) etwa 30 Minuten backen.
Herausnehmen und auskühlen lassen.

Für die Glasur den Puderzucker sieben, mit Zitronensaft verrühren und auf den Kuchen streichen. Mit Kürbiskernen garnieren.

PRASSELKUCHEN

Für den Teig das Mehl in eine Schüssel sieben und in die Mitte eine Vertiefung drücken. Die Hefe mit 1 Teelöffel Zucker in etwas lauwarmer Milch verquirlen und in die Vertiefung gießen. Etwas Mehl vom Rand unterrühren und einen breiartigen Vorteig herstellen. Salz, das

Butterschmalz in Flöckchen, den restlichen Zucker, die Zitronenschale und die Mandeln auf dem Mehlrand anordnen. Zugedeckt 20 Minuten gehen lassen.
Die Zutaten von der Mitte her verkneten, dabei die restliche Milch zugeben. Nochmals zugedeckt 30 Minuten gehen lassen. Das Backblech ausbuttern. Den Teig zusammenstoßen, durchkneten, auf bemehlter Fläche ausrollen und auf das Backblech geben. Mehrmals mit einer Gabel einstechen und einen Rand hochziehen. Die Aprikosenkonfitüre durch ein Sieb streichen und auf dem Teig verteilen.

Für die Streusel Mehl, Zucker, Vanillezucker und Zimt vermischen. Die Butter in Flöckchen dazugeben. Mit den Händen oder mit zwei Gabeln die Zutaten zu Streuseln verarbeiten und auf die Aprikosenkonfitüre streuen. Im vorgeheizten Backofen bei 200 °C (Gas: Stufe 3, Umluft 180 °C) etwa 30 Minuten backen.

Für den Guss den Puderzucker sieben und mit 2 Esslöffeln Wasser verrühren. Den heißen Kuchen damit überziehen.

BIENENSTICH MANDELKUCHEN

BIENENSTICH

Teig: 6 Eier, 250 g Zucker
150 g weiche Butter
350 g Mehl
1 Päckchen Backpulver
20–30 ml Schlagsahne

Belag: 250 g Butter, 225 g
Zucker, 4 EL Milch
1 EL Mehl
300 g Mandelblättchen

Variante, Füllung:
2 Päckchen Puddingpulver
Mandelgeschmack
¾ Liter Milch, ¼ Liter
Schlagsahne, 3 EL Zucker,
2 EL Mandellikör
150 g Aprikosenkonfitüre

MANDELKUCHEN

Teig: 200 g Gänsefett
oder Butterschmalz
150 g Zucker
1 Päckchen Vanillezucker
1 TL abgeriebene unbe-
handelte Zitronenschale
4 Eier, 1 Prise Salz
6 EL Schlagsahne,
4 EL Rum
2 EL gemahlene Mandeln
450 g Mehl
50 g Stärkemehl,
1 Päckchen Backpulver

Belag:
400 g Johannisbeergelee,
130–150 g Haferflocken
200 g gehackte Mandeln
Puderzucker zum Besieben

BIENENSTICH

Für den Teig Eier und Zucker schaumig schlagen. Butter unterrühren. Mehl und Backpulver mischen, auf die Eiermasse sieben, mit Schlagsahne einrühren. Ein hohes Backblech (mind. 4 cm) fetten, den Teig darauf geben, im vorgeheizten Ofen bei 200 °C (Gas: Stufe 3, Umluft 180 °C) 15 Minuten backen.
Für den Belag Butter zerlassen, Zucker, Milch und Mehl einrühren, kurz aufwallen lassen. Vom Herd nehmen, Mandelblättchen unterrühren. Die heiße Mischung auf dem vorgebackenen Kuchen verteilen und noch 12 Minuten weiter backen.
Variante: Bienenstich mit Füllung gelingt besser mit Hefeteig (500 g Mehl, 30 g Hefe, 100 g Zucker, 225 ml Milch, 1 Päckchen Vanillezucker, 1 Prise Salz, 100 g weiche Butter, 2 Eier).
Der Teig wird wie im Rezept auf S. 28 zubereitet, der Belag mit denselben Zutaten wie oben.
Den Teig auf gefettetem Blech ausrollen, Belag darauf verteilen bei 180 °C (Gas Stufe 2, Umluft 160 °C) im vorgeheizten Ofen 30 bis 35 Minuten backen.
Für die Füllung Puddingpulver in etwas kalter Milch glatt rühren. Restliche Milch mit Sahne und Zucker aufkochen, Puddingansatz zugießen, unter Rühren mehrmals aufwallen lassen. Likör unterrühren, kalt stellen.
Den Kuchen auf die Seite des Mandelbelags stürzen, waagerecht durchschneiden, sodass 2 Teigplatten entstehen. Konfitüre leicht erwärmen, den unteren Boden erst mit Konfitüre, dann Füllung bestreichen, Mandelteigplatte auflegen, Kuchen kalt stellen.

MANDELKUCHEN

Für den Teig Fett, Zucker, Vanillezucker und Zitronenschale schaumig schlagen. Eier, Salz, Schlagsahne, Rum und Mandeln unterrühren. Mehl, Stärkemehl und Backpulver mischen, sieben und einarbeiten. Ein Backblech mit Backpapier auslegen, den Teig darauf geben und im vorgeheizten Backofen bei 200 °C (Gas: Stufe 3, Umluft 180 °C) etwa 25 Minuten backen. Herausnehmen und auskühlen lassen.
Für den Belag Haferflocken und Mandeln in einer Pfanne ohne Fett leicht rösten. Johannisbeergelee leicht erhitzen, Haferflocken und Mandeln einrühren. Die Masse auf den Kuchen streichen. Dick mit Puderzucker besieben.

DRESDNER EIERSCHECKE

Für den Teig:
500 g Mehl
30 g Hefe
125 g Zucker
¼ Liter lauwarme Milch
150 g Butter
1 Päckchen Vanillezucker
1 Prise Salz
2 EL gemahlene Mandeln
Mehl zum Bearbeiten
Butter für das Backblech

Für den Belag:
150 g Butter
300 g Zucker
8 Eier
1 kg abgetropfter Quark
(40 %)
1 Päckchen Puddingpulver
Vanillegeschmack
½ TL abgeriebene unbe-
handelte Zitronenschale
1 Prise Salz
2 EL gemahlene Mandeln
1 EL Stärkemehl
3 EL Weinbrand

Für den Teig das Mehl in eine Schüssel sieben, in die Mitte eine Vertiefung drücken. Hefe und 1 Teelöffel Zucker in ⅛ Liter lauwarmer Milch verrühren, in die Vertiefung gießen, etwas Mehl vom Rand dazugeben und einen breiartigen Vorteig herstellen. Zugedeckt an einem warmen Ort 20 Minuten gehen lassen.
Den restlichen Zucker, Butter, Vanillezucker, Salz und Mandeln auf den Mehlrand geben, von der Mitte her die Zutaten verkneten, dabei die restliche Milch zufügen. Zugedeckt 30 Minuten gehen lassen.
Den Teig durchkneten und auf bemehlter Fläche ausrollen. Ein hohes Backblech (mind. 4 cm) ausbuttern, den Teig auflegen und einen Rand hochziehen. Den Teig mit einer Gabel mehrmals einstechen.

Für den Belag 100 Gramm Butter schaumig schlagen, nach und nach 200 Gramm Zucker, 3 Eier, Quark, Puddingpulver, Zitronenschale, Salz und Mandeln untermischen. Die Masse auf den Teig streichen.
Das Stärkemehl mit dem restlichen Zucker, 5 Eiern und den restlichen 50 Gramm Butter verrühren. Den Weinbrand zugeben. Die Masse im heißen Wasserbad so lange schlagen, bis sie dickcremig ist. Die Creme auf der Quarkmasse verteilen. Im vorgeheizten Backofen bei 200 °C (Gas: Stufe 3, Umluft 180 °C) zunächst etwa 20 Minuten backen. Die Oberhitze für etwa 15 Minuten abschalten, später wieder zuschalten, damit die Eiercreme nicht zu dunkel wird. Insgesamt etwa 45 Minuten backen.

EIERGUSSKUCHEN MIT QUITTEN

Für den Teig:
250 g Butter
100 g Zucker
4 Eier
1 TL abgeriebene unbehandelte Zitronenschale
1 Prise Salz
450 g Mehl
1 EL Stärkemehl
1 Päckchen Backpulver
Butter für das Backblech

Für den Belag:
1,5 kg Quitten
200–300 g Zucker
3 EL fein geschnittenes Zitronat

Für den Guss:
6 Eier
125 g Zucker
125 g gemahlene Mandeln
Saft von 1 Zitrone

Außerdem:
80 g Butter
100 g geröstete Mandeln
2 EL Zucker

Tipp:
Wenn der Teig an der Rolle kleben bleiben sollte, können Sie noch eine Kunststofffolie zwischen Teig und Rolle legen.

Für den Teig in einer Schüssel die Butter mit dem Zucker und den Eiern schaumig rühren. Zitronenschale und Salz unterrühren. Mehl, Stärkemehl und Backpulver vermischen, sieben und nach und nach einarbeiten.

Für den Belag die Quitten unter fließendem Wasser abbürsten, schälen, in Viertel schneiden, das Kernhaus entfernen. Die Quitten in ¾ Liter Wasser zum Kochen bringen, 20 Minuten köcheln lassen, herausnehmen, abtropfen lassen, den Saft auffangen. Die Quitten in kleine Würfel schneiden. ¼ Liter Quittenwasser mit dem Zucker aufkochen, Quittenwürfel und Zitronat hineingeben und alles zu einer geleeartigen Masse einköcheln lassen. Kalt stellen.
Den Teig ausrollen. Ein höheres Backblech ausbuttern, den Teig darauf geben, einen Rand hochziehen, den Teig mit einer Gabel mehrmals einstechen. Von der Quittenmasse 6 Esslöffel voll abnehmen und beiseite stellen. Die restliche Quittenmasse auf den Teig streichen.

Für den Guss Eier und Zucker schaumig rühren. Mandeln, Zitronensaft und das beiseite gestellte Quittengelee unterziehen. Den Guss auf dem Kuchen verteilen. Im vorgeheizten Backofen bei 200 °C (Gas: Stufe 3, Umluft 180 °C) etwa 45 Minuten backen. Nach etwa 15 Minuten mit einem Blech abdecken, falls der Kuchen zu kräftig gebräunt wird.
Herausnehmen, mit zerlassener Butter bestreichen und mit Mandeln und Zucker bestreuen.

D ieser in der Tat üppige Kuchen gewinnt durch den charakteristischen Geschmack der Quitten zusätzlichen Reiz. Die Menge des Zuckers für den Belag richtet sich nach der Eigensüße der Früchte. Wenn Sie genug davon haben, lässt sich vorher leicht mit einem Kompott feststellen, wie viel Zucker benötigt wird.

ERDBEERTORTE MIT ZUCKERRÖSCHEN

Für den Teig:
4 Eier
125 g Zucker
1 Päckchen Vanillezucker
1 Prise Salz
100 g Mehl
30 g Stärkemehl
½ TL Backpulver

Für die Creme:
250 g zimmerwarme
Butter
250 g Puderzucker
3 EL Himbeergeist
¼ Liter Schlagsahne

Außerdem:
500–750 g kleine Erd-
beeren
150 g Himbeerkonfitüre
4 EL Himbeergeist
150 g geraspelte weiße
Kuvertüre
12 verzuckerte Röschen
Butter für die Form

Für den Teig die Eier trennen, das Eiweiß beiseite stellen. Das Eigelb in einer Schüssel mit 2 Esslöffeln warmem Wasser schaumig schlagen. Nach und nach Zucker und Vanillezucker einrühren. Weiter rühren, bis die Masse cremig ist.
Das Eiweiß mit dem Salz steif schlagen und unter die Creme heben. Mehl, Stärkemehl und Backpulver vermischen, auf die Eimasse sieben und vorsichtig unterheben. Nicht rühren. Eine Springform mit Backpapier ausle-gen. Den Teig hineingeben und glatt streichen. Im vorgeheizten Backofen bei 200 °C (Gas Stufe 3, Umluft 180 °C) etwa 20 Minu-ten backen.
Aus der Form lösen, das Backpa-pier entfernen. Den Tortenboden zum Auskühlen auf ein Kuchen-gitter geben.

Für die Creme die Butter in eine Schüssel geben und schau-mig schlagen. Den Puderzucker sieben und nach und nach ein-rühren. Weiter rühren, bis die Masse cremig ist. Kalt stellen. Himbeergeist und steif geschla-gene Sahne unterziehen.
Die Erdbeeren – für unser Bild wurden 500 Gramm verwendet, wer es kuppelförmig mag,

braucht mehr – waschen und putzen. Den Tortenboden mit der Creme bestreichen, die Erdbee-ren in der Mitte dicht anordnen und zwar so, dass ringsum ein 5 Zentimeter breiter Rand bleibt. Die Konfitüre leicht erwärmen, den Himbeergeist zugeben und alles durch ein feines Sieb strei-chen. Die Erdbeeren mit der Konfitüre überziehen. Auf dem Rand die geraspelte Kuvertüre verteilen und mit verzuckerten Röschen dekorieren.

Variante:
Anstelle der Röschen kann man auch Schokofrüchte, verzuckerte oder kandierte Früchte auflegen (s. Einleitung).

Tipp:
So kandiert man frisch gepflück-te, gereinigte Röschen: 2 Eiweiß leicht verquirlen, die Röschen kopfüber hineintauchen, das überflüssige Eiweiß abtropfen lassen. Dann die Blüten in ein Zuckerbett von feinem Zucker (keinen Puderzucker verwen-den!) tauchen und dabei leicht drehen. Im vorgeheizten Back-ofen bei 50 °C trocknen lassen. Dabei die Ofentür spaltbreit geöffnet lassen.

HIMBEER-SAHNE-TORTE

Für den Teig:
2 Eier
100 g Zucker
1 Päckchen Vanillezucker
1 Prise Salz
100 g Mehl
30 g Stärkemehl
1 TL Backpulver

Für die Füllung:
750 g Himbeeren
100 ml Himbeersaft
1 EL Zitronensaft
3 Blatt rote Gelatine
3 EL Himbeergeist
200 g gehackte Mandeln

Für die Creme:
3 Blatt weiße Gelatine
3 EL Himbeergeist
2 Eier, 3 EL Zucker
1 Päckchen Vanillezucker
600 ml Schlagsahne

1–2 Sternfrüchte
(Karambolen)
250–300 g Himbeeren
125 g weiße Kuvertüre
1 EL Öl

Für den Teig die Eier trennen, das Eiweiß beiseite stellen. Das Eigelb mit 2 Esslöffeln warmem Wasser schaumig schlagen. Nach und nach Zucker und Vanillezucker zufügen, weiter schlagen, bis die Masse cremig ist.
Das Eiweiß mit dem Salz steif schlagen und unterziehen. Mehl, Stärkemehl und Backpulver vermischen, auf die Eimasse sieben und unterziehen. Eine Springform mit Backpapier auslegen, den Teig einfüllen, glatt streichen und im vorgeheizten Backofen bei 180 °C (Gas Stufe 2, Umluft 160 °C) etwa 30 Minuten backen.
Herausnehmen, den Tortenboden auf einem Kuchengitter auskühlen lassen, danach einmal waagerecht durchschneiden (s. Einleitung).

Für die Füllung die Himbeeren waschen und mit dem Himbeersaft und dem Zitronensaft verrühren. Die rote Gelatine in etwas kaltem Wasser einweichen, ausdrücken, in erwärmtem Himbeergeist auflösen und unter die Himbeermasse rühren.
Die gehackten Mandeln in einer fettfreien Pfanne kurz rösten und beiseite stellen.

Für die Creme die weiße Gelatine in etwas kaltem Wasser einweichen, ausdrücken und in erwärmtem Himbeergeist auflösen. Eier, Zucker und Vanillezucker schaumig schlagen, die aufgelöste Gelatine einrühren. Die Sahne steif schlagen und unter die Eimasse ziehen.
Einen Tortenboden mit der Himbeermasse bedecken und die Hälfte der Mandeln aufstreuen. Die Hälfte der Sahne aufstreichen, dann den zweiten Tortenboden auflegen. Die Torte ringsum mit Sahne bestreichen und Tupfer aufspritzen. Den Tortenrand mit den restlichen Mandeln verzieren.
Die Sternfrüchte quer in Scheiben schneiden. Die Himbeeren waschen, abtropfen lassen und in der Tortenmitte anordnen. Die Sternfrüchte dekorativ auf der Torte verteilen.
Die Kuvertüre zerkleinern und über heißem Wasserbad schmelzen. Das Öl einrühren. Die Masse auf eine kratzfeste, kalte Unterlage streichen (z. B. Marmor) und fast erstarren lassen. Mit einem Spatel oder scharfen Messer Röllchen abschaben und mitten auf der Torte bergförmig anordnen.

ORANGEN-GRAPEFRUIT-TORTE

Für den Teig:
6 Eier
200 g Zucker
125 g Mehl
75 g Stärkemehl
2 gestrichene TL Backpulver
75 g gemahlene Haselnüsse,
½ TL abgeriebene unbehandelte Zitronenschale

Für die Füllung:
6–7 Blatt weiße Gelatine
8 Orangen
4 rosa Grapefruits
125 g Zucker
2 EL Stärkemehl
4 Eigelb
700 ml Schlagsahne

Außerdem:
30 g gemahlene Pistazien
3 rosa Grapefruits
150 g Orangenmarmelade
2 EL Orangenlikör
Schale von 1 unbehandelten Orange

Tipp:
Auch unbehandelte Orangen oder Zitronen sollten vor der Verwendung am besten mit warmem Wasser abgewaschen, danach trockengerieben werden. Nach kurzer Zeit kann die Schale von der ganzen Frucht abgerieben oder die abgeschälte Schale – wie hier – als Verzierung verwendet werden.

Für den Teig Eier und Zucker schaumig schlagen. Mehl, Stärkemehl und Backpulver vermischen und auf die Eimasse sieben. Haselnüsse aufstreuen und alles zusammen mit Zitronenschale unterheben. Eine Springform mit Backpapier auslegen, den Teig einfüllen, glatt streichen und im vorgeheizten Backofen bei 180 °C (Gas Stufe 2, Umluft 160 °C) etwa 30 Minuten backen. Herausnehmen, den Tortenboden auf einem Kuchengitter auskühlen lassen, danach zweimal waagerecht durchschneiden.

Für die Füllung die Gelatine in etwas kaltem Wasser einweichen. 1 Orange – deren Schale zum Schluss gebraucht wird – warm waschen, trockenreiben, separat schälen, die Schale beiseite stellen. Insgesamt 4 Orangen schälen, die weiße Innenhaut entfernen, die Orangenfilets herauslösen, zerkleinern und beiseite stellen.
Die restlichen 4 Orangen und die Grapefruits auspressen. Saft mit Zucker und Stärkemehl verrühren, zum Kochen bringen, vom Herd nehmen, 5 Minuten auskühlen lassen, Eigelb einrühren. Die Masse auf mindestens 50 °C auskühlen lassen,

dann die eingeweichte und ausgedrückte Gelatine einrühren. Die beiseite gestellten, zerkleinerten Orangenfilets unterheben. Die Sahne steif schlagen und unterziehen. 2 Tortenböden mit je ¼ der Creme bestreichen und aufeinander setzen. Den dritten Boden obenauf geben. Mit einem Teil der restlichen Creme die Torte rundum bestreichen. Den restlichen Teil der Creme in einen Spritzbeutel mit Sterntülle füllen und Rosetten auf den Tortenrand spritzen.
Die Grapefruits schälen, die weiße Innenhaut entfernen, Früchte in Schnitze teilen, mit einem scharfen Messer die Fruchtfilets aus der Haut lösen und mitten auf der Torte verteilen.
Die Marmelade leicht erwärmen, Likör einrühren, alles durch ein Sieb streichen. Die Fruchtfilets mit der Glasur überziehen. Den Rand mit den Pistazien garnieren. Orangenschale in feine Streifen schneiden und die Torte damit verzieren.

HEIDELBEERTORTE MIT ZWEIERLEI SAHNE

Für die dunkle Sahne:
200 g dunkle Kuvertüre
½ Liter Schlagsahne

Für den Teig:
6 Eier
175 g Zucker
1 TL abgeriebene unbehandelte Orangenschale
1 Prise Salz
125 g Mehl
70 g Stärkemehl
100 g Butter

Für die Fruchtsahne:
3 Blatt weiße Gelatine
1 Päckchen Puddingpulver Sahnegeschmack
2 EL Zucker
300 ml Heidelbeersaft
6 EL Obstgeist
750 g Heidelbeeren
400 ml Schlagsahne

Außerdem:
1 EL Kakaopulver
150 g weiße Kuvertüre
Schokofrüchte
(Rezept s. Einleitung)

Für die dunkle Sahne die Kuvertüre zerkleinern. Die Sahne erhitzen, die Kuvertüre hineingeben und schmelzen lassen. Mindestens 1 Tag kalt stellen.

Für den Teig Eier trennen, Eigelb mit Zucker, Orangenschale und 6 Esslöffeln Wasser schaumig schlagen, Eiweiß mit Salz zu Schnee schlagen und vorsichtig unterheben, Mehl und Stärkemehl darüber sieben. Butter in einem Topf weich werden lassen und flüssig, aber abgekühlt zum Schluss vorsichtig unter den Teig heben. Eine Springform mit Backpapier auslegen, den Teig einfüllen und im vorgeheizten Backofen bei 180 °C (Gas Stufe 2, Umluft 160 °C) etwa 35 Minuten backen.
Herausnehmen und auskühlen lassen.

Für die Fruchtsahne die Gelatine in etwas kaltem Wasser einweichen. Puddingpulver und Zucker in etwas Heidelbeersaft glatt rühren. Den restlichen Saft zum Kochen bringen, das Puddingpulver einrühren und aufkochen lassen. Auskühlen lassen. Die Gelatine in leicht erwärmtem Obstgeist auflösen, unter den Pudding rühren. Die Heidelbee-

ren waschen, abtropfen lassen und unter den Pudding heben. Die Schlagsahne steif schlagen und unterziehen.
Den Boden einmal quer durchschneiden. Den unteren Boden mit der Fruchtsahne bedecken, dann den anderen Boden aufsetzen und die Torte ringsum mit der Schokosahne bestreichen. Mit Kakaopulver besieben und mit geraspelter Kuvertüre und Schokofrüchten dekorieren.

Schokolade oder Kuvertüre verleiht Torten eine gewisse Noblesse. Kuvertüre eignet sich besser als Schokolade für Glasuren, denn sie besitzt im Vergleich zur Schokolade einen höheren Anteil Kakaobutter. Das bedeutet, dass Kuvertüre leicht schmilzt und auf Flächen gut auseinander fließt. Weißer Kuvertüre kann man etwas Butter zugeben, damit sie schneller fest wird. Besonders schönen Glanz bekommt Kuvertüre, wenn sie nach dem Schmelzen und Auskühlen nochmals erhitzt wird. Aus Kuvertüre lassen sich auch zauberhafte Schmuckelemente wie Ornamente, Späne oder Röllchen herstellen.

MANDELTORTE MIT FRUCHTIGER SAHNE

Für den Teig:
3 Eier
80 g Zucker
½ TL abgeriebene unbe-
handelte Zitronenschale
50 g Mehl
30 g Stärkemehl
2 EL gemahlene Mandeln
Butter für die Form

Für die Sahne:
4 Blatt weiße Gelatine
½ Liter Schlagsahne
2 EL Puderzucker
1 Päckchen Vanillezucker
2 EL Zitronensaft
4 EL Obstgeist
250 g Erdbeeren
100 g Himbeeren
2 EL Weißwein

Außerdem:
200 g Marzipan-Rohmasse
150 g Puderzucker
200 ml Schlagsahne
1 Päckchen Sahnefestiger
100 g geröstete Mandel-
blättchen
24 große, feste Erdbeeren
Melisseblättchen

Für den Teig die Eier trennen. Eigelb, Zucker und Zitronenschale mit 3 Esslöffeln warmem Wasser schaumig schlagen. Das Eiweiß zu steifem Schnee schlagen, zur Eigelbmasse geben, das Mehl und das Stärkemehl darüber sieben, die Mandeln zufügen, alles untermischen. Eine Springform ausbuttern und mit Mehl bestäuben. Den Teig einfüllen und glatt streichen. Im vorgeheizten Backofen bei 200 °C (Gas Stufe 3, Umluft 180 °C) etwa 15 Minuten backen. Herausnehmen, auskühlen lassen und waagerecht halbieren.

Für die Sahne die Gelatine in kaltem Wasser einweichen. Die Schlagsahne mit dem Puderzucker und Vanillezucker steif schlagen, Zitronensaft und Obstgeist zufügen. Die Erdbeeren waschen, putzen und zerkleinern. Die Himbeeren ebenfalls waschen und mit den Erdbeeren unter die Sahne mischen.

Den Wein erwärmen, die ausgedrückte Gelatine darin auflösen und unter die Sahne rühren. Einen Tortenboden mit der Sahne bestreichen, den anderen Tortenboden auflegen. Kalt stellen.

Die Marzipan-Rohmasse mit 100 Gramm Puderzucker verkneten und in Tortengröße ausrollen. Die Marzipanplatte auf die Torte legen und mit etwas Puderzucker bestäuben.
Die Schlagsahne mit dem Sahnefestiger und dem restlichen Puderzucker steif schlagen, den Tortenrand damit bestreichen und mit Mandelblättchen bestreuen.
Die Erdbeeren waschen und halbieren. Mit den Melisseblättchen rings um die Torte legen.

JOHANNISBEER-TORTE MIT GÄNSEBLÜMCHEN

Für den Teig:
100 g Marzipan-Rohmasse
6 EL Milch
180 g weiche Butter
100 g Zucker
4 Eier
150 g Mehl
1 EL Stärkemehl
2 gestrichene TL Back-
pulver
Butter für die Springform

Für den Belag:
6 Blatt weiße Gelatine
300 g Quark (20 %)
100 g Schmand
1 TL abgeriebene unbe-
handelte Zitronenschale
125 g Zucker
4 EL Aprikosengeist
½ Liter Schlagsahne
1,2–1,5 kg Johannisbeeren
200–250 g Johannisbeer-
gelee
Minzeblättchen

Tipp:
*Besonders schön sieht die
Torte aus, wenn sie mit
verzuckerten Gänse-
blümchen – sie schmecken
wie Marzipan – garniert
wird. Dafür die frisch
gepflückten, gereinigten
Blüten mit einer Pinzette
in leicht verschlagenes
Eiweiß tauchen, abtropfen
lassen, in feinem Zucker
wälzen (keinen Puder-
zucker verwenden!) und in
der Zuckerrüstung erstar-
ren lassen.*

Für den Teig die Marzipan-Rohmasse zerkleinern und in erhitz-
ter Milch auflösen. Butter und
Zucker schaumig schlagen, nach
und nach die Eier unterrühren.
Die Marzipanmilch einrühren.
Mehl, Stärkemehl und Backpulver vermischen, sieben und
unterrühren.
Eine Springform ausbuttern, den
Teig einfüllen und glatt streichen.
Im vorgeheizten Backofen bei
180 °C (Gas Stufe 2, Umluft
160 °C) etwa 30 Minuten
backen.
Herausnehmen und auskühlen
lassen.

Für den Belag die Gelatine in
kaltem Wasser einweichen.
Quark, Schmand, Zitronenschale
und Zucker verrühren. Den Aprikosengeist leicht erwärmen, die
ausgedrückte Gelatine darin auflösen und in die Quarkmasse einrühren. Die Schlagsahne steif
schlagen und unterheben.
Die Johannisbeeren waschen,
abtropfen lassen und von den Rispen streifen. Die Torte mit der
Creme bestreichen. Die Johannisbeeren darauf halbkugelförmig
aufschichten und mit leicht
erwärmtem Johannisbeergelee
überziehen. Mit Minzeblättchen
bestreuen.

*Welche Sorte Johannisbee-
ren Sie für dieses fruchtige
Prachtstück verwenden, hängt
davon ab, welche Sie besonders
mögen. Am häufigsten und im
Handel in der Regel am günstigs-
ten sind die roten. Wer im eigenen Garten auch andere findet,
darf ruhig experimentieren: Statt
„nur" zu den roten, erfrischend
säuerlichen Beeren können Sie
auch zu schwarzen Johannisbeeren greifen, sie schmecken etwas
herber und geben der Torte noch
eine zusätzliche Farbe.
Geschmacklich den roten Beeren
ganz nah kommen die weißen,
ins rote oder rot-schwärzliche
„Frucht-Meer" gemengt, gehen
sie allerdings optisch beinahe
unter.*

MOKKA-BAISER-TORTE MIT BEEREN UND KOKOSNUSS

Für die Baiserböden und -stäbchen:
8 Eiweiß
2 EL Zitronensaft
225 g Zucker
100 g Puderzucker
1 EL Stärkemehl
2 EL Kakaopulver
1 EL Pulverkaffee (Instant)

Für den Belag:
750 g Beerenobst (Erdbeeren, Himbeeren, Heidelbeeren, Johannisbeeren)
3 Blatt weiße Gelatine
3 EL Kaffeelikör
1 Liter Schlagsahne
2 EL Zucker

Außerdem:
50–80 g frische Kokosnuss

Tipp:
Die Baiserböden werden stabiler, wenn sie nach dem Backen mit Kuvertüre bestrichen werden. Dieser Tipp gilt auch für die Schneeflockentorte auf Seite 116.

Für die Baiserböden und -stäbchen das Eiweiß steif schlagen, dabei nach und nach Zitronensaft und Zucker zugeben. Puderzucker, Stärkemehl, Kakaopulver und Pulverkaffee vermischen und vorsichtig unter den Eischnee heben.
Aus der Masse drei Böden backen und außerdem 16 bis 18 Stäbchen von 8 Zentimeter Länge und 3 Zentimeter Breite: Drei Backbleche mit Backpapier auslegen und mit einem Bleistift je einen Kreis von 25 Zentimeter Durchmesser anzeichnen. Die Baisermasse in einen Spritzbeutel mit Lochtülle und spiralförmig auf die skizzierten Kreise spritzen. An den Rand der Backbleche die Stäbchen spritzen. Dabei auf ausreichend Zwischenraum achten, weil die Masse beim Backen auseinander läuft.
Die Bleche nacheinander im vorgeheizten Backofen bei 120 °C jeweils 40 Minuten backen. Im Ofen auskühlen lassen.

Für den Belag die Beeren waschen und putzen. Gelatine in kaltem Wasser einweichen, ausdrücken und in leicht erwärmtem Kaffeelikör auflösen. Die Sahne mit dem Zucker steif schlagen. 2 Esslöffel Sahne in die Gelatine rühren, dann die restliche Sahne unterheben.
Zwei Baiserböden mit der Hälfte der Sahne bestreichen und aufeinander setzen. Den dritten Boden obenauf legen. Die restliche Sahne halbieren. Mit einer Hälfte den Rand bestreichen, die Baiserstäbchen andrücken. Die restliche Sahne in einen Spritzbeutel mit Sterntülle füllen und Rosetten aufspritzen.
In den Zwischenräumen das Beerenobst anordnen. Das Kokosnuss-Stück mit einem Sparschäler in dünne Späne schneiden und in einer Pfanne ohne Fett goldbraun rösten, dabei mehrmals wenden. Herausnehmen, auskühlen lassen und auf der Torte verteilen.

ERDBEERTORTE

Für die Verzierung:
1–2 gerade aufgeblühte
Holunderdolden (mit 3 cm
langem Stängel)
1–2 Eiweiß
100–180 g Zucker

Für den Teig:
6 Eiweiß
300 g Puderzucker
2 EL Zitronensaft
Pergamentpapier

Für den Belag:
500 g Erdbeeren
2 EL Zucker
1 Päckchen roter Torten-
guss
180–220 ml Schlagsahne
1 EL Zucker
75 g dunkle Schokoladen-
raspeln

Für die Verzierung 1 Tag vor
der Backzeit die Holunder-
dolde(n) unter fließendem Wasser kurz abspülen, den Stiel oder
die Stiele ins Wasser stellen, die
Blüten trocknen lassen.
Eiweiß und 1 ½ bis 3 Esslöffel
kaltes Wasser mit einer Gabel
leicht verrühren und zwar so,
dass kein Schaum entsteht. Even-
tuelle Bläschen entfernen. Die
Holunderdolde(n) ganz oder zer-
teilt in die Eiweißmasse tauchen,
dabei vorsichtig hin- und herbe-
wegen. Herausnehmen, die
Feuchtigkeit etwas abschwenken.
Zuerst das Blüteninnere gleichmäßig und nicht zu dick mit
Zucker bestreuen, danach das
Äußere. Stiel oder Stiele auf eine
hakenförmig auseinander gezoge-
ne Büroklammer spießen und
aufhängen und über Nacht trocknen lassen.

Am Backtag **für den Teig** das
Eiweiß steif schlagen. Nach und
nach Puderzucker und Zitronensaft zugeben. Den Boden einer
Springform von 28 Zentimeter
Durchmesser mit Pergamentpapier auslegen. Die Baisermasse in
einen Spritzbeutel mit Lochtülle
füllen und spiralförmig eine
gleichmäßige Schicht auf das Pergamentpapier spritzen. Zuletzt
mit einer Sterntülle in regelmäßi-
gen Abständen Tupfen auf den
Rand setzen. Den Tortenboden
bei 80 bis 90 °C etwa 2 Stunden
mehr trocknen als backen lassen.
Herausnehmen, den Boden noch
warm von der Unterlage lösen.

Für den Belag das Beerenobst
waschen und putzen. Kurz vor
dem Servieren auf den Tortenboden legen und mit Zucker
bestreuen. Den Tortenguss nach
Vorschrift zubereiten und die
Beeren damit überziehen. Die
Sahne mit dem Zucker steif schlagen. Sahnekleckse auf den Tortenrand setzen und mit Schokoladenraspeln garnieren. Zuletzt die
Holunderdolden in der Tortenmitte dekorativ verteilen.

FRUCHTIGE MANDELTORTE
BLÄTTERTEIGTORTE

FRUCHTIGE MANDEL-TORTE

125 g Mandelblättchen
250 g weiße Kuvertüre
1 TL Öl
125 g Cornflakes
250 g Erdbeeren
6 Aprikosen
500 g Himbeeren
1 Blatt weiße Gelatine
2 TL Zucker
2 EL Weinbrand
300 ml Schlagsahne

100 g weiße Kuvertüre
und kandierte Veilchen
oder Borretschblüten zur
Dekoration
(s. Einleitung)

BLÄTTERTEIGTORTE
Für den Boden:
400 g Tiefkühl-Blätterteig

Für den Belag:
4 Blatt weiße Gelatine
2 EL Himbeergeist
¾ Liter Schlagsahne
2 TL Zucker

1 kg Himbeeren

Für die Glasur:
200 g Himbeerkonfitüre
2 EL Himbeergeist
175 g Puderzucker
2 EL Zitronensaft
15 g weiche Butter

FRUCHTIGE MANDELTORTE

Die Mandeln in einer Pfanne ohne Fett goldgelb rösten. Die Kuvertüre zerkleinern und mit dem Öl über dem Wasserbad schmelzen, Mandeln und Cornflakes untermischen. Eine Springform mit Backpapier belegen, die Mandelmasse einfüllen, glatt streichen und über Nacht bei etwa 20 °C fest werden lassen. Erdbeeren waschen und putzen. Aprikosen waschen, entsteinen und vierteln. Himbeeren waschen. Die Gelatine in etwas kaltem Wasser einweichen. Die Hälfte der Himbeeren pürieren, Zucker zugeben. Gelatine ausdrücken, in leicht erwärmtem Weinbrand auflösen und unter das Himbeerpüree rühren. Kalt stellen.
Die Sahne steif schlagen und auf den Mandelboden streichen. Früchte darauf verteilen, mit dem Püree überziehen. Kalt stellen. Für die Dekoration die Kuvertüre über dem Wasserbad bei geringer Hitze schmelzen. Erhärten lassen und nochmals schmelzen. Auf eine Marmorplatte gießen, glatt streichen, antrocknen lassen, mit einem Spatel fächerförmig zu Spänen zusammenschieben. Damit die Torte dekorieren – oder mit kandierten Blüten.

BLÄTTERTEIGTORTE

Blätterteig auftauen, auf bemehlter Fläche ausrollen. 3 Böden (26 cm Ø) ausschneiden, nacheinander im vorgeheizten Ofen bei 200 °C (Gas Stufe 3, Umluft 180 °C) etwa 15 Minuten backen, auskühlen lassen.
Für den Belag Gelatine in etwas kaltem Wasser einweichen, ausdrücken, in leicht erwärmtem Himbeergeist auflösen. Sahne mit Zucker steif schlagen, davon 2 EL zur Gelatine rühren, dann den Rest unterheben. Kalt stellen. Himbeeren waschen. Himbeerkonfitüre durch ein feines Sieb streichen, mit Himbeergeist verrühren, leicht erwärmen, abkühlen lassen, auf einen Tortenboden streichen. Puderzucker sieben, mit Zitronensaft und Butter glatt rühren. Denselben Tortenboden glasieren, trocknen lassen, in 12 gleich große Stücke schneiden. Einen Tortenboden mit ⅓ der Sahne bestreichen und mit der Hälfte der Himbeeren belegen. Den 2. Tortenboden aufsetzen, mit ⅓ der Sahne bestreichen, mit den restlichen Himbeeren belegen. Die restliche Sahne in einen Spritzbeutel füllen, Rosetten auf den Tortenrand spritzen. Die glasierten Bodenstücke zwischen die Rosetten setzen.

SCHOKOLADEN-TRAUMTORTE

**Für eine Torte von
26 cm Durchmesser
Für den Teig:**
5 Eier
250 g Zucker
75 g Mehl
75 g Speisestärke
2 EL Kakao
Salz

Für die Form:
Butter

Für die Karamellcreme:
250 g Zucker
300 ml Milch
6 Blatt weiße Gelatine
2 Eigelb
350 ml Schlagsahne
75 g Zucker
100 ml Kognak

**Für die
Schokoladencreme:**
2 Blatt weiße Gelatine
4 Eier
2 EL Zucker
300 g Zartbitterschokolade
200 ml Schlagsahne

Für die Dekoration:
300 g Halbbitterkuvertüre
Kakaopulver
Puderzucker

Für den Teig Eier trennen. Eigelb und Zucker cremig schlagen. Mehl, Speisestärke und den Kakao sieben und unter die Eigelbmasse rühren. Eiweiß und 1 Prise Salz steif schlagen und vorsichtig unterheben. Teig in eine nur am Boden eingefettete Springform füllen und im vorgeheizten Backofen bei 175 °C (Gas Stufe 2) etwa 30 Minuten backen.

Für die Karamellcreme
230 Gramm Zucker in einem Topf unter Rühren schmelzen, bis der Zucker hellbraun ist. Von der Kochstelle nehmen, Milch ganz vorsichtig zugießen. Erhitzen und rühren, bis der Zucker aufgelöst ist. Vorsicht, es spritzt leicht! Gelatine in kaltem Wasser einweichen. Eigelb und restlichen Zucker verquirlen. Die heiße Karamellmilch dazugießen. Unter Rühren so lange erhitzen, bis eine leichte Bindung entsteht. In eine Schüssel gießen. Die ausgedrückte Gelatine in der heißen Karamellmilch auflösen und kalt stellen.
Sahne steif schlagen. Wenn die Creme zu gelieren beginnt, Sahne unterheben und wieder kalt stellen.
Zucker und 100 Milliliter Wasser aufkochen, bis der Zucker voll-

ständig gelöst ist. Erkalten lassen und den Kognak zufügen. Biskuitboden waagrecht halbieren. Mit der Hälfte des Kognak-Sirups beträufeln. Karamellcreme darauf verteilen und mit dem zweiten Boden belegen. Torte kalt stellen.

Für die Schokoladencreme
Gelatine in kaltem Wasser einweichen. Eier trennen, Eigelb und Zucker schaumig schlagen. Schokolade raspeln und im Wasserbad schmelzen. Sahne und Eiweiß getrennt steif schlagen. Abgetropfte Gelatine unter Rühren im heißen Wasserbad auflösen. Gelatine unter die Eigelbcreme rühren, dann Schokolade, Schlagsahne und Eischnee unterheben. Torte mit dem restlichen Sirup beträufeln. Mit Schokoladencreme bestreichen. Torte mindestens 4 Stunden, besser über Nacht, kalt stellen.

Für die Dekoration in Stücke gebrochene Kuvertüre im Wasserbad schmelzen. Mit einer Palette oder einem Messer flüssige Kuvertüre dünn auf Pergamentpapier aufstreichen. Im Kühlschrank fest werden lassen. Schokoladenplatte in kleine Stücke brechen und die Torte damit verzieren. Mit Puderzucker ganz fein bestäuben.

KALTE APRIKOSENTORTE

250 g Löffelbiskuits
200 g weiche Butter
2 Blatt weiße Gelatine
125 g Zucker
4 Eigelb
1 TL abgeriebene unbehandelte Zitronenschale
4 EL Zitronensaft
750 g Mascarpone
400 ml Schlagsahne
1 kg Aprikosen
je 75 g weiße und dunkle geraspelte Kuvertüre

Außerdem:
200 ml Schlagsahne
1 Päckchen Vanillezucker
1 TL Zucker

Die Biskuits zerbröseln und mit 100 Gramm Butter verarbeiten. Den Boden einer Springform mit Backpapier auslegen, die Biskuitmasse darauf geben. Im vorgeheizten Backofen bei 180 °C (Gas Stufe 2, Umluft 160 °C) 8 bis 10 Minuten backen.
Herausnehmen und auskühlen lassen.
Die Gelatine in etwas kaltem Wasser einweichen. Die restliche Butter mit Zucker und Eigelb schaumig schlagen. Zitronenschale, Zitronensaft und Mascarpone unterschlagen. Die Gelatine tropfnass in einem kleinen Topf bei geringer Hitze auflösen und unterziehen.
Die Schlagsahne steif schlagen und unterheben. Den Rand einer Springform einfetten und Backpapierstreifen anlegen. Die Sahne-Masse auf den Biskuitboden geben und glatt streichen.
Für etwa 4 Stunden in den Tiefkühlschrank stellen.

Die Torte aus der Form nehmen, auf einen Kuchenteller setzen. Die Aprikosen waschen, entsteinen und halbieren. Auf der Torte anordnen und mit geraspelter Kuvertüre bestreuen.

Zur Dekoration die Schlagsahne mit dem Vanillezucker und dem Zucker steif schlagen, in einen Spritzbeutel mit Lochtülle füllen, die Torte ringsum bespritzen.

*M*ascarpone ist ein gesäuerter Sahne-Frischkäse, der aus frischer Kuhmilchsahne hergestellt wird. Etwas „gewaltig" ist freilich sein Fettgehalt: 45 bis 50 Prozent. Der Köstliche ist von mildem, sahnigen Geschmack – vergleichbar mit Crème fraîche, die Konsistenz ähnelt Buttercreme, seine Farbe variiert zwischen leuchtend weiß und zartgelb. Mascarpone ist die Hauptzutat für das berühmte Dessert tiramisù und er verträgt sich gut mit Konfitüren, Früchten und Sirup.

750 g stichfeste saure
Sahne
Saft von ½ Zitrone
1 TL abgeriebene unbe-
handelte Zitronenschale
200 g Zucker
2 EL Zwiebackbrösel
4 Eiweiß
1 Prise Salz
½ Liter Schlagsahne
1 Päckchen Sahnesteif
1 Päckchen Vanillezucker
3 Kiwis
4 EL gehackte Pistazien

Außerdem:
Schokofrüchte zum
Garnieren

Die saure Sahne in ein Leinentuch füllen, über einem Sieb
abtropfen lassen und in eine
Schüssel füllen. Mit Zitronensaft
und -schale und etwa 180
Gramm Zucker verrühren.
Den Boden und den Rand einer
Springform mit Backpapier auslegen. Zwiebackbrösel einstreuen.
Das Eiweiß mit 1 Esslöffel Zucker
und 1 Prise Salz steif schlagen.
¼ Liter Schlagsahne steif schlagen und mit dem Eischnee unter
die saure Sahne heben. Die
Masse in die Springform füllen
und 3 Stunden in den Gefrierschrank stellen.
Eine halbe Stunde vor dem Servieren die Masse aus dem Eisfach
in den Kühlschrank stellen. Die
Kiwis schälen, halbieren und in
Scheiben schneiden. Die restliche Sahne mit dem Sahnesteif
und dem Vanillezucker steif
schlagen und in einen Spritzbeutel mit Lochtülle füllen.
Die Torte aus der Form nehmen,
das Backpapier entfernen. Die
Tortenoberfläche mit der Sahne
bespritzen. Kiwischeiben auf der
Torte anordnen. Pistazien aufstreuen. Den Rand mit Schokofrüchten dekorieren. Sofort servieren.

Tipp:
*Schokofrüchte – Erdbeeren,
Johannisbeeren, Trauben, Bana-
nen- und Ananasstücke, Orangenfilets, Kirschen – lassen sich
ganz leicht herstellen. Dafür Voll-
milch- oder Zartbitterkuvertüre
im Wasserbad bei mäßiger Hitze
zum Schmelzen bringen, gewaschene Früchte auf ein Holzstäb-
chen stecken, zur Hälfte in die
Kuvertüre tauchen und die überflüssige Kuvertüre abtropfen lassen. Dann lässt man die überzo-
genen Früchte auf einem kühlen
Teller trocknen.*

Für das Eis:
¾ Liter Schlagsahne
100 g Zucker
6 Mandelmakronen
4 EL Maraschino
400 g Erdbeeren
100 g Zartbitterschokolade
1 TL abgeriebene unbehandelte Orangenschale
1 EL Milch

Für den Teig:
4 Eier
125 g Zucker
1 Päckchen Vanillezucker
100 g Mehl, 25 g Stärkemehl, 1 TL Backpulver

Für die Baiserhaube:
3 Eiweiß, 1 TL Zitronensaft
1 EL Zucker
nach Belieben 2 EL gemahlene Haselnusskerne
1 TL Kakao zum
Bestäuben

Tipp:
Damit dieses Kunstwerk auch wirklich gelingt, stellen Sie zur Sicherheit den Teig gleich zweimal her. Sollte die erste Biskuitrolle doch zerbrechen, so hat man immer noch eine zweite in Hinterhand. Die Haselnüsse für die Baiserhaube verbessern zwar den Geschmack, können aber das Eiweiß im ungünstigen Fall wieder zu flüssig machen.

Für das Eis die Sahne steif schlagen, Zucker einrieseln lassen. Die Sahne in 3 Teile teilen. Mandelmakronen zerkrümeln, mit Maraschino beträufeln.

Die Erdbeeren waschen, putzen und pürieren. Schokolade zerkleinern, im Wasserbad schmelzen, mit Orangenschale und Milch verrühren und auskühlen, aber nicht fest werden lassen.

⅓ Sahne mit der Makronenmasse vermischen, ⅓ mit Erdbeerpüree. Unter das letzte Sahnedrittel die Schokoladenmasse mischen. Die helle Creme in eine kalt ausgespülte Kastenform (26 x 10 x 8 cm) füllen, einige Minuten im Tiefkühlschrank anfrieren lassen. Dann die Erdbeercreme einfüllen, ebenfalls anfrieren lassen. Zuletzt die Schokoladencreme obenauf geben und glatt streichen. Im Tiefkühlschrank über Nacht gefrieren lassen.

Für den Teig die Eier trennen. Eigelb in eine Schüssel geben und mit 2 EL warmem Wasser cremig schlagen. Nach und nach Zucker und Vanillezucker unterrühren. Eiweiß steif schlagen und unterheben. Mehl, Stärkemehl und Backpulver vermischen, auf die Eimasse sieben und unterziehen.

Ein Backblech mit Backpapier auslegen, den Teig auffüllen, glatt streichen und im vorgeheizten Backofen bei 200 °C (Gas Stufe 3, Umluft 180 °C) 12 bis 15 Minuten backen.

Ein Küchenhandtuch mit Zucker bestreuen, die heiße Teigplatte darauf geben, sofort das Papier abziehen. Die Teigplatte mit Hilfe des Tuches der Länge nach aufrollen und auskühlen lassen.

Die ausgekühlte Biskuitrolle vorsichtig wieder auseinander wickeln. Das Eis aus dem Gefrierschrank nehmen, die Form kurz in heißes Wasser tauchen und das Eis auf den Biskuitteig gleiten lassen. Die Seiten des Biskuits über das Eis schlagen.

Für die Baiserhaube das Eiweiß steif schlagen, dabei nach und nach Zitronensaft, Zucker und – gegebenenfalls – Haselnüsse zugeben. Ein Backblech ausbuttern, die Eistorte so darauf geben, dass die „Nahtstelle" auf dem Blech liegt. Die Torte rundum dick mit der Eischneemasse bestreichen. Im vorgeheizten Backofen bei 220 °C 2 bis 3 Minuten überbacken.

Herausnehmen, mit Kakao besieben und sofort servieren. Nach Belieben gezuckerte Erdbeeren dazu reichen.

PFEFFERKUCHENTORTE

Für den Teig:
100 g Butter
200 g Zucker
2 Eier, 1 Prise Salz
250 g Honig
500 g Mehl
20 g Pfefferkuchengewürz
10 g Pottasche
2 EL Rum
Butter für die Springform

Für die Füllung:
100 g Butter
150 g Zucker
200 g gehackte Mandeln
2 EL Aprikosenmarmelade
200 g Aprikosenkonfitüre

Für die Glasur:
3 EL Kakao
200 g Puderzucker
20 g Butter

Für das Adventslicht:
100 g Marzipan-Rohmasse
1 EL Puderzucker
rote Lebensmittelfarbe

Nach Belieben:
Pralinen zum Garnieren

Tipp:
Wer keine Adventskerze als Verzierung wählt, kann auch selbst hergestellte Pralinen (s. Einleitung) als Garnitur wählen. Sie halten am besten, wenn sie etwas in die noch warme Glasur gedrückt werden.

Für den Teig die Butter schaumig schlagen. Zucker, Eier, Salz und Honig zugeben, alles gut verrühren. Mehl und Pfefferkuchengewürz vermischen und darüber sieben. Die Pottasche im Rum auflösen und ebenfalls zum Teig geben. Einen glatten Teig bereiten und zugedeckt 1 bis 2 Tage in den Kühlschrank stellen. Eine Springform ausbuttern, den Teig einfüllen und im vorgeheizten Backofen bei 200 °C (Gas: Stufe 3, Umluft 180 °C) etwa 40 Minuten backen. Herausnehmen und auskühlen lassen. In der Mitte einmal durchschneiden.

Für die Füllung Butter und Zucker leicht erwärmen, die Mandeln hineingeben und unter Rühren bräunen. Etwas auskühlen lassen und die Aprikosenmarmelade unterrühren. 1 Teigplatte mit Aprikosenkonfitüre bestreichen, die ausgekühlte Mandelmasse darüber geben. Die 2. Kuchenplatte aufsetzen.

Für die Glasur Kakao und Puderzucker mit so viel Wasser glatt rühren, dass eine dickflüssige Masse entsteht. Zerlassene Butter unterrühren die Torte mit der Glasur überziehen. Kalt stellen.

Für die Dekoration Marzipan-Rohmasse und Puderzucker verkneten, 1 bis 2 Tropfen Lebensmittelfarbe einarbeiten, ausrollen und ein Lichtlein ausschneiden. Auf der Tortenmitte anordnen. Wer mag, kann statt mit dem Adventslicht die Torte ringsum mit Pralinen – Rezepte stehen in der Einleitung – verzieren.

Aus Pfefferkuchenteig entstehen Kuchen und feine, mit Mandeln gespickte und mit Zuckerguss verzierte Lebkuchen, mal rund, mal quadratisch, mal rechteckig, stern- oder herzförmig. Seit über 400 Jahren werden diese Leckereien schon bereitet. Am bekanntesten sind die Pfefferkuchen aus Pulsnitz oder Nürnberg. Wie es dereinst bei Pfefferküchlers zuging, die noch ohne moderne Technik, aber nicht ohne Geschicklichkeit und Phantasie zurechtkommen mussten, kann man in dem kleinen Städtchen Weißenberg – etwa 30 Kilometer von Pulsnitz entfernt – nachvollziehen. Dort können Küche, Ofen, Model und viele, viele Gerätschaften bestaunt werden.

WINTERTORTE
SCHNEEFLOCKENTORTE

WINTERTORTE

je 100 g Sultaninen und Korinthen
4 EL Weinbrand
50 g getr. Aprikosen
50 g Zitronat, 6 Eier
150 g Butter, 150 g Zucker
je 1 Prise Salz, Zimt und Ingwer, 200 g Mehl
1 TL Backpulver

100 ml Weinbrand

Creme: ¼ Liter Milch
½ Päckchen Puddingpulver Vanillegeschmack
1 Päckchen Vanillezucker
2 EL Zucker, 75 g Butter
40 g Kokosfett
200 g geraspelte bittere Schokolade

SCHNEEFLOCKEN-TORTE

6 Eiweiß, 2 EL Zitronensaft, 300 g Puderzucker,
1 EL Stärkemehl
100 g geröstete geriebene Mandeln
Belag: 1 kg Grapefruitfilets gelb und rosa
Gelee-Guss:
2 Blatt weiße Gelatine
400 g frische Ananas
2 EL Zucker, je 6 EL Ananassaft und Weißwein
Dekoration:
¼ Liter Schlagsahne
1 Päckchen Vanillezucker
1 TL Zucker

WINTERTORTE

Sultaninen und Korinthen mit Weinbrand beträufeln. Aprikosen und Zitronat fein schneiden. Eier trennen. In einer Schüssel Butter, Zucker, Salz, Zimt und Ingwer schaumig schlagen. Nach und nach Eigelb, Sultaninen, Korinthen, Aprikosen und Zitronat unterrühren. Mehl mit Backpulver mischen, auf den Teig sieben und vorsichtig unterheben. Eiweiß steif schlagen und unterheben. Eine Kastenform mit Backpapier auslegen, Teig einfüllen und bei 200 °C (Gas: Stufe 3, Umluft 180 °C) etwa 50 Minuten backen.
Herausnehmen, auskühlen lassen und stürzen. Den Weinbrand in die Form gießen, Kuchen hineinlegen, über Nacht stehen lassen. Am nächsten Tag die Creme bereiten: In etwas Milch Puddingpulver verrühren, restliche Milch zum Kochen bringen, Puddingansatz, Vanillezucker und Zucker einrühren, Butter und Kokosfett zugeben. Alles kurz aufkochen lassen, vom Herd nehmen, zum Erkalten beiseite stellen. Ab und zu umrühren, damit sich keine Haut bildet.
Die Creme auf den Kuchen streichen. Geraspelte Schokolade aufstreuen.

SCHNEEFLOCKENTORTE

Für den Boden Eiweiß steif schlagen, nach und nach Zitronensaft, Puderzucker, Stärkemehl und Mandeln zufügen. Die Masse muss schnittfest sein. Eine Springform (26 cm Ø) unten mit Backpapier auslegen. ¾ der Baisermasse in einen Spritzbeutel mit glatter Tülle füllen und spiralförmig gleichmäßig von der Mitte aus auf das Papier spritzen. Die restliche Masse in einen Spritzbeutel mit Sterntülle geben, auf den Teigrand ringsum Rosetten aufspritzen. Den Boden im Ofen bei 90 °C etwa 1 Stunde mehr trocknen als backen lassen.
Im Ofen auskühlen lassen, aus der Form nehmen, Backpapier entfernen.
Für den Guss Gelatine in etwas kaltem Wasser einweichen. Ananas zerteilen, mit Zucker, Ananassaft und Weißwein erhitzen und – wichtig! – kurz aufwallen lassen. Vom Herd nehmen, sieben, Gelatine ausdrücken, zur Ananasmasse geben und glatt rühren. Die Torte mit Grapefruitfilets belegen und diese mit Gelee überziehen.
Für die Dekoration Sahne mit den Zuckern steif schlagen, aus einem Spritzbeutel Schneeflocken spritzen.

BAUMKUCHENTORTE

10 Eier
200 g Zucker
1 Päckchen Vanillezucker
½ TL abgeriebene unbehandelte Zitronenschale
200 g Butter
125 g Mehl
80 g Stärkemehl
Butter für die Springform

Außerdem:
nach Belieben und Musterwahl bis zu je 150 g halbbittere und weiße Kuvertüre

Tipp:
Wer über einen Grill verfügt, kann die Backzeit verkürzen. Unter dem vorgeheizten Grill bräunt die Teigschicht in 1 bis 2 Minuten.

Die Eier trennen. Eigelb in eine Schüssel geben und mit Zucker, Vanillezucker und Zitronenschale schaumig schlagen. Die Butter ebenfalls in einer Schüssel schaumig schlagen. Mehl und Stärkemehl vermischen, auf die Butter sieben und unterrühren. Die Eigelbmasse zufügen und untermischen.
Eiweiß steif schlagen und unter den Teig heben. Eine Springform ausbuttern, 1 bis 2 Esslöffel Teig hineingeben, glatt streichen und im vorgeheizten Backofen etwa 4 Minuten backen. Auf die gebräunte Schicht erneut 1 bis 2 EL Teig geben, glatt streichen und im Backofen 4 Minuten backen. Diesen Vorgang wiederholen, bis der Teig aufgebraucht ist. Den Kuchen auf einem Gitter auskühlen lassen.
Die Kuvertüre im Wasserbad schmelzen. Den Kuchen damit vollständig überziehen. Wer mag, zieht mit etwas dunkler Kuvertüre auf hellem Untergund Muster

Variante:
Aus dem Kuchen lassen sich Baumkuchenecken herstellen. Dafür schneidet man den Kuchen in kleine Ecken, spießt sie auf eine Gabel, taucht sie in geschmolzene weiße oder zartbitte-

re Kuvertüre und setzt sie zum Trocknen auf ein Kuchengitter.

Die Baumkuchentorte ist bereits eine Delikatesse. Dennoch lässt sich das noch steigern: Für eine mit Wein verfeinerte Leckerei wird die Torte in kleine Würfel geschnitten und in eine feuerfeste Form gefüllt. Dann verrührt man 200 Milliliter Weißwein, 1 Teelöffel abgeriebene unbehandelte Orangenschale, 1 Ei, 1 Eigelb und 4 Esslöffel Zitronensaft und gibt die Flüssigkeit über die Tortenwürfel. Man lässt die Speise im Wasserbad im vorgeheizten Backofen bei 200 °C (Gas: Stufe 3, Umluft 180 °C) 15 Minuten garen. Danach herausnehmen, auskühlen lassen, in Scheiben schneiden, auf Kuchentellern anrichten. Dazu passt eine Orangensauce: 2 Eigelb mit 1 Esslöffel Zucker verschlagen. In einem Topf ¼ Liter Schlagsahne aufkochen, vom Herd nehmen, die Eigelbmischung untermischen und weiter schlagen, bis die Sauce cremig ist. Dann 4 Esslöffel Orangenlikör unterrühren. – Dritte im Bunde ist – wenn Sie wollen – Schlagsahne, verziert mit Schokoladenraspeln.

Für den Teig:
5 Eier
150 g Zucker
1 Prise Salz
100 g Mehl
100 g Stärkemehl
2 gestrichene TL Back-
pulver
80 g gemahlene Hasel-
nüsse

Für die Füllung:
1 Päckchen Schokoladen-
Puddingpulver
125 g Zucker
1 EL Kakaopulver
½ Liter Milch
250 g Butter

Außerdem:
200 g Aprikosenkonfitüre
4 EL Obstgeist
200 g gehackte geröstete
Haselnüsse
200 g Marzipan-Rohmasse
Schokoladenstreusel

Tipp:
*Mit Creme gefüllte Torten
lassen sich leichter schneiden, wenn man das Mes-
ser zuvor in heißes Wasser
taucht und abtrocknet.*

Für den Teig die Eier trennen. Das Eigelb in eine Schüssel geben und mit 2 Esslöffeln warmem Wasser schaumig schlagen. Nach und nach den Zucker einrieseln lassen und alles cremig schlagen. Das Eiweiß mit dem Salz steif schlagen und vorsichtig unterzie-hen. Mehl, Stärkemehl und Back-pulver vermischen, auf die Eier-creme sieben und zusammen mit den Haselnüssen unterheben. Eine Springform mit Backpapier auslegen, den Teig einfüllen, glatt streichen und im vorgeheizten Backofen bei 180 °C (Gas: Stufe 2, Umluft 160 °C) etwa 30 Minu-ten backen.
Herausnehmen, etwas auskühlen lassen. Aus der Form nehmen und auf ein Kuchengitter setzen. Auskühlen lassen und dann zwei-mal waagerecht durchschneiden.

Für die Füllung das Puddingpul-ver mit dem Zucker, Kakaopulver und etwas kalter Milch glatt rühren. Die restliche Milch zum Kochen bringen, das angerührte Puddingpulver unter Rühren eingießen und kurz aufkochen lassen. Vom Herd nehmen und auskühlen lassen. Dabei öfter um-rühren, damit sich keine Haut bildet.

Die Butter schaumig schlagen und den Pudding esslöffelweise unterrühren. Dabei darauf ach-ten, dass Butter und Pudding die gleiche Temperatur haben, damit die Creme nicht gerinnt.

Die Aprikosenkonfitüre durch ein Sieb streichen und mit dem Obst-geist verrühren. Zwei Tortenbö-den zuerst mit Konfitüre, dann mit je einem Viertel der Creme bestreichen und aufeinander set-zen. Den dritten Boden obenauf geben und mit einem weiteren Viertel der Creme rundum bestreichen.

Die restliche Creme in einen Spritzbeutel mit Lochtülle füllen. Die Tortenmitte im Durchmesser von 10 Zentimeter mit der Hälfte der gerösteten Haselnüsse bestreuen. Aus dem Marzipan kleine Kugeln formen und in den restlichen Haselnüssen wälzen. In die Tortenmitte auf die Nüsse setzen. Rundherum mit dem Spritzbeutel beliebig viele, kecke, große und kleine Tupfen setzen, die Spitzen hochziehen.
Den Tortenrand mit Schokoladen-streuseln garnieren.

Für den Teig:
150 g Mandeln
300 g Halbbitterkuvertüre
1 EL Kakaopulver
5 Eier
80 g Zucker
2 EL Rum
1 Prise Salz
125 g Mehl
50 g Stärkemehl
1 ½ TL Backpulver
150 g weiche Butter

Für die Füllung:
1 Päckchen Schokoladen-
Puddingpulver
1 EL Kakaopulver
2 EL Zucker
½ Liter Milch
175 g Nussnougat
300 g Butter

Für die Dekoration:
2 Eigelb
100 g Zucker
50 g Butter
1 EL Schlagsahne
6 EL sehr stark gebrühter
schwarzer Kaffee
1 Päckchen Vanillezucker
250 g zartbittere Schoko-
lade
150 g Vollmilchkuvertüre
50–100 g geröstete Man-
delblätter

Mandeln kochend überbrühen, abziehen, im Backofen goldbraun rösten, auskühlen lassen, mahlen. Kuvertüre zerkleinern, im Wasserbad zum Schmelzen bringen, Kakao einrühren.

Eier trennen. Eigelb in einer Schüssel mit 2 EL warmem Wasser schaumig schlagen. Nach und nach Zucker unterschlagen, bis die Masse cremig ist. Rum zufügen. Eiweiß mit Salz steif schlagen und unterheben.

Mehl, Stärkemehl und Backpulver vermischen, über die Eimasse sieben und mit Kuvertüre, Mandeln und Butter unterziehen. Eine Springform (26 cm Ø) mit Backpapier auslegen, Teig einfüllen und glatt streichen. Im vorgeheizten Backofen bei 180 °C (Gas: Stufe 2, Umluft 160 °C) etwa 45 Minuten backen.

Herausnehmen, Tortenboden bald aus der Form nehmen, auf einem Gitter auskühlen lassen, zweimal waagerecht durchschneiden.

Für die Füllung Puddingpulver, Kakao und Zucker in etwas kalter Milch glatt rühren. Restliche Milch zum Kochen bringen, Puddingansatz einrühren, kurz aufkochen lassen, vom Herd nehmen, auskühlen lassen. Ab und zu umrühren, damit sich keine Haut bildet.

Das Nougat zerkleinern, im Wasserbad leicht erwärmen, Butter einschlagen, esslöffelweise den Pudding einrühren. Die Hälfte Creme auf zwei Tortenböden verteilen und glatt streichen. Die Böden übereinander, den dritten Boden obenauf setzen. Mit einem Teil der restlichen Creme die Torte rundum bestreichen. Mit gezacktem Teigschaber wellige Linien in den Tortenrand ziehen. Den Rest Creme in einen Spritzbeutel mit Sterntülle füllen. Die Tortenoberseite von innen her mit Tupfen verzieren. Kalt stellen.

Für die Dekoration Eigelb mit Zucker verrühren, im Wasserbad erwärmen. Butter, Sahne, Kaffee, Vanillezucker zugeben. Unter Rühren erhitzen. Zerkleinerte Schokolade zugeben und glatt rühren. In eine Form mit Backpapier die Masse 1 cm dick geben, glatt streichen, erstarren lassen. Mit kleinen Ausstechformen Herzen, Kleeblätter, Sonnen, Monde, Rhomben ausstechen.

Kuvertüre zerkleinern, im Wasserbad schmelzen, die ausgestochene Schokolade mit Hilfe einer Pralinengabel hineintauchen und abtropfen lassen. Zum Trocknen auf ein Pralinengitter setzen. Die Torte reichlich mit Pralinen und Mandelblättern dekorieren.

MANDELTORTE MIT BUTTERCREME

Teig:
4 Eier
125 g Zucker
1 Päckchen Vanillezucker
1 EL Zitronensaft
2 EL Weinbrand
50 g Butter
1 Prise Salz
150 g Mehl
50 g Stärkemehl
1 TL Backpulver
50 g gemahlene Mandeln

Mandelröllchen:
je 100 g brauner Zucker
und Honig
125 g Butter
150 g gemahlene Mandeln
50 g Mehl, 3–4 EL Milch

Creme:
400 g Zartbitterkuvertüre
450 g Butter
200 g Puderzucker
6 Eigelb

Außerdem:
Pralinen zum Garnieren
(s. Einleitung)
125 g Johannisbeergelee
für den Böden

Tipp:
Nicht mehr als 4 Mandel-
kreise gleichzeitig backen,
damit sie sich noch
warm zu Röllchen wickeln
lassen.
Als Verzierung eignen sich
auch geraspelte Schokola-
de, goldene und silberne
Zuckerperlen.

Die Eier trennen. Eigelb mit 2 EL heißem Wasser schaumig schlagen. Nach und nach Zucker, Vanillezucker, Zitronensaft und Weinbrand zugeben. Schlagen, bis die Masse cremig ist. Butter zerlassen und abkühlen lassen. Eiweiß mit Salz steif schlagen und vorsichtig zur Eigelb-Masse unterheben. Mehl, Stärkemehl und Backpulver vermischen, auf die Eiermasse sieben und vorsichtig mit gemahlenen Mandeln und Butter unterheben. Nicht rühren.
Eine Springform (26 cm Ø) mit Backpapier auslegen, Teig einfüllen, glatt streichen, im vorgeheizten Backofen bei 180 °C (Gas: Stufe 2, Umluft 160 °C) etwa 35 Minuten backen. Herausnehmen, etwas auskühlen lassen, aus der Form nehmen. Backpapier entfernen, den Tortenboden auf einem Gitter auskühlen lassen, zweimal waagerecht durchschneiden.
Für die Mandelröllchen Zucker, Butter und Honig unter Rühren erhitzen, bis sich der Zucker aufgelöst hat. Vom Herd nehmen, Mandeln zugeben. Mehl mit Milch verquirlen, einrühren, erhitzen, einige Male aufwallen lassen, dabei stets gut umrühren. 5 Minuten auskühlen lassen.

Ein Backblech mit Backpapier auslegen. Mandelmasse in Kreisen von 10 cm Durchmesser aufstreichen und im vorgeheizten Ofen bei 180 °C (Gas: Stufe 2, Umluft 160 °C) etwa 5 Minuten backen; nicht länger, damit die Masse biegbar bleibt. Herausnehmen, sofort um den Griff eines gebutterten Kochlöffels wickeln, Röllchen abstreifen, auf ein Gitter setzen, auskühlen lassen.
Für die Creme Kuvertüre zerkleinern, im Wasserbad schmelzen. Butter schaumig schlagen. Puderzucker sieben und nach und nach mit Eigelb unterschlagen. Die flüssige, ausgekühlte Kuvertüre unterrühren. Kalt stellen, bis die Creme fest geworden ist. Die Hälfte Creme sowie Johannisbeergelee auf 2 Tortenböden verteilen und glatt streichen. Die Böden aufeinander setzen, den 3. Boden obenauf geben. Die Torte ringsum mit Creme bestreichen. Den Rest Creme in eine Spritztüte mit Lochtülle füllen, auf die Tortenoberfläche spritzen, dabei Spitzen hochziehen. Einen Hauch Kakaopulver darüber sieben. Die Mandelröllchen halbieren, mit der Schnittfläche nach unten ringsum anstellen und etwas andrücken. Mit Pralinen garnieren. Kalt stellen.

Für den Teig:

250 g Butter
4 Eier
250 g Zucker
1 Prise Salz
½ TL abgeriebene unbehandelte Zitronenschale
200 g Mehl
2 EL Stärkemehl
1 TL Backpulver
Butter für die Backform

Für die Creme:

300 g zimmerwarme Butter
1 Päckchen Schokoladen-Puddingpulver
2 TL Stärkemehl
100 g Zucker
2 EL Kakao
½ Liter Milch

Für die Glasur:

250 g Puderzucker
3 EL Kakaopulver
30 g weiche Butter

Außerdem:

halbierte Pistazien zur Garnierung

Tipp:

Damit es schneller geht, sind 2 Springformen hilfreich: 1 mit Teig im Ofen, 1 mit einem fertigen Boden draußen, der dann auf das Kuchengitter gezogen wird – immer im Wechsel.

Für den Teig die Butter zerlassen und abkühlen lassen. Eier trennen. Eigelb mit Zucker dickschaumig rühren. Salz, Zitronenschale und die Butter einrühren. Mehl, Stärkemehl und Backpulver vermischen, sieben und nach und nach unterrühren. Eiweiß zu steifem Schnee schlagen und vorsichtig unter den Teig ziehen. Aus dem Teig 8 Böden backen. Dafür jeweils einen Springformboden von 26 cm Durchmesser ausbuttern und gleichmäßig mit ⅛ des Teiges bestreichen. Im vorgeheizten Backofen bei 180 °C (Gas: Stufe 2, Umluft 160 °C) 7 bis 8 Minuten backen. Die Böden sollen goldgelb sein.
Nach dem Backen die Böden sofort vom Springformboden lösen und auf einem Gitter auskühlen lassen.

Für die Creme Butter auf Zimmertemperatur bringen. Puddingpulver mit Stärkemehl, Zucker und Kakao in etwas kalter Milch glatt rühren. Restliche Milch zum Kochen bringen, die angerührte Masse hineingeben, gut verrühren und kurz aufkochen lassen. Vom Herd nehmen und auf Zimmertemperatur auskühlen lassen. Dabei mehrmals umrühren, damit sich keine Haut bildet.

Die zimmerwarme Butter schaumig schlagen. Esslöffelweise den Pudding einrühren. 7 ausgekühlte Tortenböden mit der Creme bestreichen und aufeinander setzen, etwas Creme für die Dekoration übrig lassen. Den letzten Boden unbestrichen auf die Torte geben.

Für die Glasur Puderzucker und Kakao vermischen, in eine Schüssel sieben. 2 EL heißes Wasser und die Butter zufügen. Alles zu einer dickflüssigen Masse verrühren. Die Torte ringsum mit einem breiten Messer bestreichen und kühl stellen.
Mit dem Rest Creme Häufchen – 12 bis 20 je nach Größe der Stücke – aufspritzen und dorthin halbierte Pistazien stecken.

*P*rinz Luitpold (1821–1912), der Onkel von Ludwig II., dem „Märchenkönig", hätte nach dessen rätselhaftem Tod 1886 im Starnberger See eigentlich keinen Anspruch auf den bayerischen Thron gehabt. Der jüngere Bruder Ludwigs, Otto, war jedoch aus gesundheitlichen Gründen nicht in der Lage zu regieren. So kümmerte sich Prinzregent Luitpold um das Schicksal Bayerns und das offenbar mit viel Geschick.

Für den Teig:
5 Eier
150 g Zucker
1 Päckchen Vanillezucker
80 g gemahlene Mandeln
150 g Mehl
75 g Stärkemehl
3 EL Kakao
2 TL Backpulver

Für die Creme:
250 g zimmerwarme
Butter
1 Päckchen Vanillepud-
dingpulver
2 EL Zucker
½ Liter Milch
150 g Himbeerkonfitüre

Für den Guss:
250 g Puderzucker
1 Eiweiß,
1–2 EL Zitronensaft

Für die Dekoration:
200 g Puderzucker
3 EL Kakao
30 g Butter
Pralinen (s. Einleitung)
Silberperlen

Für den Teig die Eier trennen. Eigelb in eine Schüssel geben und mit 2 Esslöffeln warmem Wasser schaumig schlagen. Nach und nach den Zucker und den Vanillezucker darunter schlagen. Weiter schlagen, bis die Masse cremig ist.
Eiweiß zu steifem Schnee schlagen und mit den Mandeln unter die Eimasse heben. Mehl, Stärke-mehl, Kakao und Backpulver vermischen und auf die Eimasse sieben. Vorsichtig unterziehen. Eine Springform mit Backpapier aus-legen, den Teig einfüllen und glatt streichen. Im vorgeheizten Backofen bei 200 °C (Gas: Stufe 3, Umluft 180 °C) etwa 30 Minuten backen.
Etwas auskühlen lassen, aus der Form nehmen, das Backpapier entfernen, den Boden auf ein Kuchengitter setzen. Sobald er ausgekühlt ist, zweimal waage-recht durchschneiden.

Für die Creme die Butter auf Zimmertemperatur bringen. Das Puddingpulver mit dem Zucker in etwas kalter Milch verquirlen. Die restliche Milch zum Kochen bringen, das angerührte Pudding-pulver hineingeben, kurz aufko-chen, anschließend auskühlen lassen. Ab und zu umrühren,

damit sich keine Haut bildet. Die zimmerwarme Butter in einer Schüssel schaumig schla-gen, den Pudding esslöffelweise einrühren. 2 Tortenböden zuerst mit Himbeerkonfitüre und danach mit der Creme bestrei-chen und aufeinander setzen. Den 3. Tortenboden obenauf legen.

Für den Guss den Puderzucker sieben und mit Eiweiß und Zitro-nensaft glatt rühren. Die Torte damit überziehen. Kalt stellen. Sobald die Glasur fest geworden ist, für die Dekoration den Puder-zucker sieben, Kakao, 1 Esslöffel Wasser und die zerlassene Butter einrühren. Die Masse in eine kleine Pergamenttüte füllen und auf den Tortenrand 24 Häufchen als Unterlage für die Pralinen setzen.
Die Torte beliebig mit Pralinen und Silberperlen sowie Schrift aus Kuvertüre auf Marzipan verzieren.

BAISERTORTE

Für die Baiserböden:
6 Eiweiß
300 g Zucker
2 EL Zitronensaft
30 g Stärkemehl
400 g weiße Kuvertüre

Zum Bestreichen:
400 g dunkle Kuvertüre
1 EL Öl

Für die Füllung:
3 Blatt weiße Gelatine
5 Eigelb
175 g Puderzucker
½ Liter Schlagsahne

Für die Dekoration:
50 g gemahlene Pistazien
zum Bestreuen
250–300 g Kuvertüre
1 EL Öl
Pralinen oder Marzipanrosen (s. Einleitung)

Für die Baiserböden drei Backbleche mit Backpapier belegen. Einen Springformring von 26 Zentimeter Durchmesser auflegen und die Kreise auf dem Backpapier markieren.
Das Eiweiß zu steifem Schnee schlagen, dabei nach und nach Zucker, Zitronensaft und Stärkemehl zugeben. Die Baisermasse in einen Spritzbeutel mit Lochtülle füllen und spiralförmig von innen nach außen auf die markierten Kreise spritzen. Im vorgeheizten Backofen bei 120 °C etwa 45 Minuten backen.
Im Ofen auskühlen lassen. Die Böden vom Papier lösen.
Die dunkle Kuvertüre zerkleinern und im heißen Wasserbad schmelzen. Die Böden auf beiden Seiten mit der Kuvertüre bestreichen.

Für die Füllung die Gelatine in etwas kaltem Wasser einweichen. Eigelb und Zucker im heißen Wasserbad cremig rühren. Gelatine ausdrücken, zur Eimasse geben und glatt rühren. Auskühlen lassen.
Die Sahne steif schlagen und vorsichtig unter die Eimasse heben. Die Hälfte der Sahne-Ei-Masse auf zwei Baiserböden geben, die Böden aufeinander setzen. Den

dritten Boden obenauf legen. Die Torte ringsum mit einem Teil der restlichen Sahne bestreichen. Den anderen Teil in einen Spritzbeutel mit Lochtülle füllen und die Torte damit bespritzen. Pistazien darüber streuen. Die Torte kalt stellen.

Für die Dekoration die Kuvertüre zerkleinern, im heißen Wasserbad schmelzen, das Öl einrühren. Auf eine kratzfeste Fläche (Marmorplatte) streichen. Sobald die Masse fest ist, mit einem Spatel zu Fächern zusammenschieben. Die Fächer auf der Tortenmitte anordnen. Den Tortenrand mit Pralinen oder Marzipanrosen dekorieren.

SCHOKOROLLE

Für den Teig:
6 Eier
200 g Zucker
1 Päckchen Vanillezucker
1 Prise Salz
100 g Mehl
50 g Stärkemehl
1 TL Backpulver
2 EL Kakaopulver

Für die Creme:
1 Päckchen Schokoladen-
Puddingpulver
2 TL Stärkemehl
2 EL Kakao
1 TL Pulverkaffee (Instant)
100 g Zucker
½ Liter Milch
250 g Butter

Außerdem:
125 g Halbbitterkuvertüre
zum Verzieren
⅛ Liter Schlagsahne
1 Päckchen Vanillinzucker

Tipp:
*Diese Schokorolle können
Sie auch mit hellem Bis-
kuitteig backen, dann die
2 Esslöffel Kakaopulver im
Teig weglassen.*

Für den Teig die Eier trennen.
Das Eigelb in eine Schüssel
geben, 2 Esslöffel warmes Wasser
zufügen und alles mit dem
Schneebesen schaumig schlagen.
Nach und nach zwei Drittel des
Zuckers und den Vanillezucker
zugeben. Alles so lange schlagen,
bis die Masse cremig ist.
Das Eiweiß mit dem Salz steif
schlagen, den restlichen Zucker
unterschlagen und unter die
Eimasse ziehen. Mehl, Stärkemehl, Backpulver und Kakao vermischen, auf die Eiweißmasse
sieben und vorsichtig unterziehen. Nicht rühren. Ein Backblech
mit Backpapier auslegen, den
Teig dünn und gleichmäßig darauf streichen. Im vorgeheizten
Backofen bei 200 °C (Gas: Stufe
3, Umluft 180 °C) 10 Minuten
backen.
Die gebackene Teigplatte auf ein
gezuckertes Geschirrtuch stürzen. Das Backpapier mit kaltem
Wasser bestreichen und abziehen. Die Kuchenplatte mit Hilfe
des Geschirrtuchs sofort aufrollen.
Wenn die Rolle ausgekühlt ist,
vorsichtig wieder aufwickeln.

Für die Creme Schokoladen-
Puddingpulver, Stärkemehl,
Kakao, Pulverkaffee und Zucker
in etwas kalter Milch anrühren.
Die restliche Milch in einem
Topf zum Kochen bringen, das
angerührte Puddingpulver einrühren und kurz aufkochen,
danach auf Zimmertemperatur
abkühlen lassen. Ab und zu
umrühren, damit sich keine Haut
bildet.
In einer Schüssel die Butter
schaumig schlagen und den Pudding esslöffelweise einrühren.
Zwei Drittel der Creme auf die
Teigplatte streichen und diese
erneut zusammenrollen. Mit der
restlichen Creme die Schokorolle
bestreichen und mit einem
gezackten Teigschaber wellen-
förmige Muster in die Creme
ziehen.
Die Kuvertüre zerkleinern, im
warmen Wasserbad schmelzen
und mit einer Palette dünn auf
eine kratzfeste Unterlage (z. B.
Marmorplatte, Edelstahlarbeits-
fläche) streichen. Kurz bevor die
Kuvertüre hart wird, mit einem
Spachtel als Röllchen abschaben.
Schlagsahne mit dem Vanillinzucker steif schlagen, Muster auf
die Schokorolle spritzen und mit
Schokoladenröllchen dekorieren.

FEIGEN-TORTE

Für eine Springform
von 26 cm Durchmesser
16 getrocknete Feigen
150 g Rosinen
4 EL Rum
10 Eier
200 g Zucker
150 g Mehl
50 g Stärkemehl
½ TL Zimt
4 EL Rum
250 g geschälte, halbierte
Haselnusskerne
100 g grob zerkleinerte
Walnüsse

Für die Glasur:
200 g Puderzucker
3 EL Kakaopulver
30 g Butter

Für die Dekoration:
300–400 g Halbbitterku-
vertüre
2 EL Öl
2 EL Kakaopulver
Walnusshälften
kandierte Früchte
(s. Einleitung)

Tipp:
Falls der Teig zu fest wird,
nehmen Sie 1 oder 2 Eier
und entsprechend ½ bis
1 EL Wasser mehr.

Die Feigen in kleine Würfel
schneiden. Die Rosinen waschen,
trockentupfen, in eine Schüssel
geben und mit Rum beträufeln.
Die Eier trennen. Eigelb in eine
Schüssel geben und mit 4 Esslöffeln warmem Wasser schaumig
schlagen. Nach und nach den
Zucker unterschlagen.
Das Eiweiß steif schlagen und
unterheben.
Mehl, Stärkemehl und Zimt vermischen und esslöffelweise unter
den Teig ziehen. Haselnüsse,
Walnüsse, Rosinen und Feigen
unterheben. Eine Springform
mit Backpapier auslegen, den Teig
einfüllen, glatt streichen und im
vorgeheizten Backofen bei 180 °C
(Gas: Stufe 2, Umluft 160 °C)
etwa 45 Minuten backen.
Herausnehmen, etwas auskühlen
lassen. Aus der Form nehmen,
das Backpapier entfernen, auf ein
Kuchengitter setzen.
Für die Glasur den Puderzucker
mit dem Kakao vermischen, in
eine Schüssel sieben und mit
2 Esslöffeln heißem Wasser glatt
rühren. Die Butter zerlassen,
auskühlen lassen und unterrühren. Die Torte mit dem Guss
überziehen.
Für die Dekoration die Kuvertüre zerkleinern, im heißen
Wasserbad schmelzen, das Öl

und den Kakao einrühren. Die
Masse dünn auf eine kratzfeste
Fläche (z. B. Marmorplatte, Edel-
stahlarbeitsfläche) streichen.
Sobald sie fest geworden ist, mit
einem Spatel zu Fächern zusammenschieben. Die Fächer auf der
Torte auftürmen. Walnusshälften
und kandierte Früchte dazwi-
schen anordnen.

*F*eigen *schmecken frisch sehr*
köstlich, halten sich aber
nicht allzu lang. Denn sie sind
druckempfindlich und mögen
keine hohen Temperaturen. Für
das Spätjahr und die Weihnachts-
bäckerei brauchen wir daher
getrocknete Früchte, in denen
alle wohlschmeckenden Inhalts-
stoffe – etwa 20 % Zucker, dazu
Eiweiß, Mineralstoffe wie Eisen,
Phosphor und Calcium – sich ver-
stärkt halten.
Von Mitte Juni an gibt es frische
Feigen zu kaufen, vorwiegend
aus dem Mittelmeerraum, im
Herbst folgen dann die aus
Frankreich und Italien. Sie ergän-
zen vieles wunderbar: Eis,
Schlagsahne, aber auch Schin-
ken, Geflügel und Schafskäse.
Und ein unvergesslicher Genuss
steht an, wenn Feigen eisgekühlt
mit Rum beträufelt und mit
Crème fraîche ergänzt werden.

MOHNTORTE
SANDTORTE

MOHNTORTE

250 g Mehl, 1 gestriche-
ner TL Backpulver
250 g Zucker, 4 Eigelb
100 g Butter
750 g säuerliche Äpfel
Saft von 1 Zitrone
1 Prise Zimt,
100 g Rosinen
1 TL Stärkemehl
$\frac{3}{8}$ Liter Milch
400 g gemahlener Mohn
1 Päckchen Vanillezucker
100 g gehackte Mandeln
Butter für die Backform

Glasur: 200 g Puder-
zucker, 3 EL Zitronensaft

150 g geröstete gehobelte
Mandeln

SANDTORTE

250 g weiche Butter
200 g Zucker, 1 Prise Salz
½ TL abgeriebene unbe-
handelte Zitronenschale
1 EL Rum, 4 Eier
150 g Mehl, 100 g Stärke-
mehl
½ TL Backpulver
Butter für die Kastenform

Glasur: 200 g Puder-
zucker, 3 EL Kakao
30 g weiche Butter

Pralinen, kandierte Früchte oder verzuckerte Blüten
(s. Einleitung)

MOHNTORTE

Mehl und Backpulver vermischen
und in eine Schüssel sieben. In
die Mitte eine Mulde drücken.
80 g Zucker und 2 Eigelb hineingeben und mit etwas Mehl zu
einem dicken Brei verarbeiten.
Die kalte Butter in Stücken darauf geben, mit Mehl bedecken,
von der Mitte her alle Zutaten
verkneten. 1 Stunde kühl stellen.
Inzwischen die Äpfel schälen, in
Viertel, dann Scheiben schneiden, dabei Kernhaus entfernen.
Die Apfelscheiben mit 50 g
Zucker, Zitronensaft, Zimt und
4 EL Wasser zum Kochen bringen
und 3 Minuten dünsten, Rosinen
zufügen, noch 2 Minuten
köcheln lassen. Mit Stärkemehl
binden. Auskühlen lassen.
Die Milch zum Kochen bringen,
den Mohn damit überbrühen.
Restlichen Zucker, Vanillezucker,
restliches Eigelb und Mandeln
unterrühren. Eine Springform
ausbuttern, mit dem Teig auslegen, einen Rand hochziehen.
Den Teig mehrmals mit einer
Gabel einstechen. Die Hälfte des
Mohns darauf geben, die Apfel-
masse aufstreichen, dann restlichen Mohn darüber verteilen.
Im vorgeheizten Backofen bei
180 °C (Gas: Stufe 2, Umluft
160 °C) 60 Minuten backen.

Für die Glasur den Puderzucker
sieben, mit Zitronensaft zu einem
dickflüssigen Brei verrühren. Die
Hälfte in einen Spritzbeutel mit
kleiner Tülle füllen und die Torte
beschriften (mit Namen oder
Glückwunsch). Mit der restlichen
Masse den Rand bestreichen. Mit
Mandeln garnieren.

SANDTORTE

Die Butter mit dem Zucker rund
10 Minuten schaumig schlagen.
Salz, Zitronenschale und Rum
einrühren und nach und nach
jeweils 1 Ei unter gründlichem
Rühren zugeben. Mehl, Stärkemehl und Backpulver vermischen, sieben und esslöffelweise
unterheben. Eine Kastenform
ausbuttern, den Teig einfüllen,
glatt streichen. Im vorgeheizten
Backofen bei 180 °C (Gas: Stufe
2, Umluft 160 °C) 1 Stunde
backen.
Auskühlen lassen und aus der
Form nehmen.
Für die Glasur Puderzucker und
Kakao in eine vorgewärmte
Schüssel sieben, mit 1 EL heißem
Wasser und Butter zu einer dickflüssigen Masse rühren. Mit
einem breiten Messer die Torte
damit bestreichen. Beliebig garnieren.

SCHOKOTORTE MIT ROSENGELEE

Für den Teig:
6 Eier
150 g Zucker
125 g Bitterschokolade
125 g Butter
70 g Mehl
50 g Biskuitbrösel
50 g gemahlene Mandeln

Für die Glasur:
150 g Rosengelee
250 g weiße Kuvertüre

Für die Dekoration:
1/8 Liter Schlagsahne
350 g Vollmilchkuvertüre
50 g Kokosfett
4 EL Rosenlikör
4 Marzipanrosen
(s. Einleitung)

Für den Teig die Eier trennen, Eiweiß beiseite stellen. Eigelb in einer Schüssel mit 1 Esslöffel warmem Wasser schaumig schlagen. Nach und nach 100 Gramm Zucker zugeben. So lange schlagen, bis die Masse cremig ist. Die Schokolade zerkleinern und im Wasserbad schmelzen. Esslöffelweise in die Eier-Masse einrühren. Eiweiß steif schlagen, dabei den restlichen Zucker zugeben und unterheben.
Die Butter zerlassen und abkühlen lassen. Das Mehl sieben, mit Biskuitbröseln und Mandeln vermischen, vorsichtig mit der ausgekühlten Butter unterheben. Eine Rehrückenform mit Backpapier auslegen, den Teig einfüllen, glatt streichen, im vorgeheizten Backofen bei 200 °C (Gas: Stufe 3, Umluft 180 °C) etwa 50 Minuten backen. Herausnehmen, etwas auskühlen lassen. Die Torte aus der Form nehmen und auf einem Kuchengitter leicht auskühlen lassen, mit Rosengelee (siehe rechte Spalte) überziehen.
Für die weiße Glasur die Kuvertüre im Wasserbad schmelzen und über die Torte ziehen.
Für die Dekoration die Sahne in einen Topf geben. Zerkleinerte Vollmilchkuvertüre zugeben und

im Wasserbad unter Rühren zum Schmelzen bringen. Kokosfett zugeben und gut verrühren. Kalt stellen.
Sobald die Masse am Rand fest wird, mit den Quirlen des Handrührgerätes aufschlagen, den Rosenlikör zugeben, weiter schlagen, bis Spitzen stehen bleiben. Die Masse in einen Spritzbeutel mit Sterntülle füllen und die Schokoladentorte damit dekorieren. Zuletzt die Marzipanrosen aufsetzen.

Für das Rosengelee braucht man 150 Gramm frisch gepflückte Rosenblütenblätter, 3/4 Liter konzentrierten Apfelsaft, 750 Gramm Zucker. Von den Blütenblättern den bitteren Stielansatz wegschneiden, Blätter mit kochendem Wasser übergießen, mit kaltem Wasser abschrecken und abtropfen lassen. Apfelsaft und Zucker in einem Topf unter Rühren zum Kochen bringen, die Rosenblütenblätter dazugeben und mitkochen, bis sie sich gesetzt haben. Hin und wieder den Schaum abschöpfen. Nach der Gelierprobe in vorbereitete Gläser füllen.

PISTAZIEN-INGWER-TORTE MANDELTORTE

PISTAZIEN-INGWER-TORTE

50 g frischer Ingwer
125 g Marzipan-Rohmasse
50 g kandierte Ananas
20 g Orangeat
250 g Butter, 4 Eier
1 Prise Salz
½ TL abgeriebene unbehandelte Zitronenschale
1 Messerspitze Zimt
100 g Bienenhonig
250 g Mehl, 100 g Stärkemehl
1 Päckchen Backpulver
4 EL Orangensaft
2 EL Orangenlikör

Für die Glasur:

300 g weiße Kuvertüre
100 g Zartbitterkuvertüre
kandierter Ingwer, gehackte Pistazienkerne

MANDELTORTE

350 g weiche Butter
350 g Zucker, 6 Eier
1 EL abgeriebene unbehandelte Orangenschale
300 g Mehl, 50 g Stärkemehl
1 Päckchen Backpulver
150 g geriebene Mandeln
Saft von 2 Orangen

Für den Überzug:

150 g Orangenmarmelade
2 EL Puderzucker
400 g Marzipan-Rohmasse
300 g weiße Kuvertüre
20 g Kokosfett

PISTAZIEN-INGWER-TORTE

Den Ingwer schälen und klein würfeln. Marzipan, Ananas und Orangeat klein würfeln. Butter schaumig schlagen. Nach und nach Eier, Salz, Zitronenschale, Zimt, Honig, Ingwer, Marzipan, Ananas und Orangeat einrühren. Mehl, Stärkemehl und Backpulver vermischen, darüber sieben und unterheben. Eine Springform (26 cm Ø) ausbuttern, den Teig einfüllen, glatt streichen. Im vorgeheizten Ofen bei 180 °C (Gas: Stufe 2, Umluft 160 °C) etwa 60 Minuten backen. Herausnehmen, mit Orangensaft und Orangenlikör beträufeln. Auskühlen lassen.

Für die Glasur die weiße Kuvertüre im Wasserbad schmelzen und die Torte damit überziehen. 30 Minuten kalt stellen. Zartbitterkuvertüre ebenso schmelzen, in Spritztüten aus Pergamentpapier füllen, die Torte mit welligen Linien dekorieren. Zur Dekoration eignen sich kandierter Ingwer, kandierte Ananas und gehackte Pistazien.

MANDEL-TORTE

Butter und Zucker schaumig schlagen. Nach und nach Eier und Orangenschale zugeben. Mehl, Stärkemehl und Backpulver vermischen, darüber sieben und unterrühren, dazuhin Mandeln und Orangensaft. Eine Springform (26 cm Ø) mit Backpapier auslegen. Teig einfüllen, glatt streichen, im vorgeheizten Ofen bei 180 °C (Gas: Stufe 2, Umluft 160 °C) etwa 35 Minuten backen. – Herausnehmen, abkühlen lassen, Torte aus der Form nehmen, Backpapier entfernen.

Für den Überzug Marmelade erhitzen, die Torte damit ringsum bestreichen. Die Arbeitsfläche mit Puderzucker besieben, ¾ des Marzipans darauf dünn ausrollen. Einen Kreis von 28 cm Ø schneiden, oben auf die Torte legen. Etwas andrücken.

Für den Tortenrand den Rest Marzipan verkneten, ausrollen, in Streifen schneiden, um die Torte legen und festdrücken. Überstehende Ränder nach innen rollen und ebenfalls festdrücken. Die Kuvertüre zerkleinern, Kokosfett zugeben und alles im warmem Wasserbad schmelzen. Mit ⅔ der Kuvertüre die Torte ringsum bestreichen. Den Rest in einen Pergament-Spritzbeutel füllen und Muster aufspritzen. Die Torte mit gerösteten, unzerteilten Mandeln dekorieren, in die Mitte Marzipanrosen (s. Einleitung) setzen.

QUARKTORTE MIT BAISERDECKE

Für den Teig:
200 g Mehl
1 TL Backpulver
80 g Zucker
2 Eigelb
1 Prise Salz
1 EL Milch
100 g kalte Butter
Butter für die Springform

Für den Belag:
600 g Quark (20 oder
40 %, oder selbst ange-
rührt)
80 g weiche Butter
125 g Zucker
3 Eigelb
1 Päckchen Puddingpulver
Vanillegeschmack
¼ Liter Milch
¼ Liter Schlagsahne

Für die Knusperdecke:
3 Eiweiß
80 g Zucker

Für den Teig Mehl und Backpulver vermischen und in eine
Schüssel sieben. In die Mitte eine
Vertiefung drücken. Zucker,
Eigelb, Salz und Milch in die Vertiefung geben und mit einem Teil
des Mehls vermischen. Die Butter in Stücken darauf geben,
dann die Zutaten gut verkneten.
30 Minuten kalt stellen.
Eine Springform ausbuttern, den
Teig hineingeben, einen Rand
hochziehen. Den Teig mehrmals
mit einer Gabel einstechen.

Für den Belag Quark, Butter,
Zucker und Eigelb verrühren. Das
Puddingpulver in etwas Milch
glatt rühren und unter die Quarkmasse rühren. Die restliche
Milch und die Sahne ebenfalls
einrühren. Die Masse auf den
Teig geben. Im vorgeheizten
Backofen bei 180 °C (Gas Stufe
2, Umluft 160 °C) 50 Minuten
backen.

Für die Decke Eiweiß und
Zucker zu steifem Schnee schlagen, auf dem Kuchen verteilen
und noch 10 Minuten backen.

Quark hat viele Namen: in
Österreich Topfen oder
Schotten, im deutschen Südwes-
ten Zieger oder Bibbeleskäs, in

*der Mitte und im Norden
Deutschlands weißer Käse,
Weißkäse, auch Glumse oder
Matte.
Quark ist nichts weiter als ein
ganz frühes Stadium Käse –
Frischkäse, dem man keine Zeit
zum Reifen lässt. Zur Quarkher-
stellung wird pasteurisierte, ent-
rahmte Milch durch Milchsäure-
bakterien oder Lab zum Gerinnen
gebracht. Auf diese Art einge-
dickt, sieht die Masse erst einmal
ähnlich aus wie die in einer Käse-
rei, die später daraus große
Emmentaler-Laibe formt und
monatelang reifen lässt.
Für die halb- und vollfette Stufe
(20 und 40 %) wird Quark mit
Sahne angereichert und oft in
einer Passiermaschine geschmei-
dig gemacht. Ein ähnliches
Ergebnis erreichen Sie auch zu
Hause, wenn Sie Magerquark –
den man ja in der Regel immer
im Kühlschrank hat – vor der
Weiterverarbeitung erst einmal
gründlich rühren. Dabei wird je
nach gewünschtem Fettgehalt
etwas Milch oder Sahne zugegeben. Und selbst wenn solch eine
selbst zubereitete Masse nur
etwa halb so viel Fett enthält wie
eine mit 40%igem Quark, wird
diese Torte gelingen – und
schmecken.*

QUARKTORTE MIT SCHOKOLADENDECKE

Teig: 180 g Mehl
½ TL Backpulver
65 g Zucker
1 Päckchen Vanillezucker
100 g kalte Butter

Belag: 1 Päckchen
Puddingpulver Vanille-
geschmack, 200 g Zucker
½ Liter Milch
80 g weiche Butter
1 TL abgeriebene unbe-
handelte Zitronenschale
1 Prise Salz
4 EL Schlagsahne
4 Eier, 2 EL Rum
100 g gehackte Mandeln
1 kg abgetropfter Quark
(40 %)

Schokoladendecke:
150 g Kokosfett
125 g feiner Kristallzucker
3 EL Kakaopulver
2 Eier, 1 EL Rum

Verzierung: Schale von
4 unbehandelten Orangen
200 g Zucker, 1 TL Kakao
Schokoladenfrüchte
(s. Einleitung)

Tipp:
*Bitte verwenden Sie nur
ganz frische Eier, die gut
gekühlt aufbewahrt wur-
den, für die Schokoladen-
decke. Wer Bedenken hat,
nimmt dafür 200 g Puder-
zucker, 3 EL Kakao, 2–3
EL heißes Wasser, 1 EL
zerlassenes Kokosfett.*

Für den Teig Mehl und Backpulver vermischen, in eine Schüssel
sieben, in die Mitte eine Vertiefung drücken. Zucker und Vanillezucker in die Vertiefung geben,
die Butter in Stückchen auflegen,
alles gut verkneten. Eine Kugel
formen, den Teig 30 Minuten
kalt stellen.
Den Teig in eine Springform geben, leicht andrücken, mit einer
Gabel mehrmals einstechen.

Für den Belag das Puddingpulver mit 2 Esslöffeln Zucker in
etwas kalter Milch verrühren.
Die restliche Milch zum Kochen
bringen, das Puddingpulver einrühren, aufkochen lassen, vom
Herd nehmen und auskühlen lassen. Ab und zu umrühren, damit
sich keine Haut bildet.
In einer Schüssel die Butter
schaumig schlagen, den restlichen Zucker, Zitronenschale,
Salz, Schlagsahne und nach und
nach die Eier einrühren. Den
Rum, die Mandeln und nach und
nach den Quark und den ausgekühlten Pudding unterrühren.
Die Masse auf dem Teig verteilen
und glatt streichen. Im vorgeheizten Backofen bei 200 °C (Gas
Stufe 3, Umluft 180 °C) etwa
1 Stunde backen. Herausnehmen
und auskühlen lassen.

Für die Schokoladendecke das
Kokosfett bei milder Hitze zum
Schmelzen bringen. Zucker,
Kakao, Eier und Rum verrühren,
unter Rühren das Fett tropfen-
weise zugeben. Die ausgekühlte
Torte mit der Schokoladenmasse
überziehen. Kalt stellen.

Für die Verzierung die Orangen-
schalen in einen Topf geben,
so viel Wasser zugeben, dass sie
bedeckt sind. Zum Kochen bringen, 5 Minuten sprudelnd
kochen lassen, danach herausnehmen, trockentupfen und in
dünne Streifen schneiden.
150 Gramm Zucker und ⅛ Liter
Wasser in einem Topf aufkochen
lassen, die Orangenstreifen hineingeben und 20 Minuten
köcheln lassen. Herausnehmen,
abtropfen lassen. Den restlichen
Zucker mit dem Kakao vermischen, die Orangenstreifen darin
wälzen und auf der Torte anordnen.
Nach Belieben noch zusätzlich
mit Schokoladenfrüchten verzieren.

Quarktorte mit Pistazien und Kokosnuss

Für den Teig:
175 g Kokosraspel
200 g Butter
400 g Zucker
4 Eier
250 g saure Sahne
225 g Mehl
30 g Stärkemehl
½ Päckchen Backpulver
⅛ Liter Kokosmilch

125 g Preiselbeergelee

Für den Belag:
250 g Quark (40 %)
175 g Doppelrahm-Frisch-
käse
100 g weiche Butter
200 g Zucker
⅛ Liter Schlagsahne
200 g frische Kokosnuss

Außerdem:
200 ml Schlagsahne
1 TL Zucker
1 Sahnefestiger
2 EL Pistazien

Für den Teig die Kokosraspeln in einer Pfanne ohne Fett rösten. In einer Schüssel Butter und Zucker schaumig schlagen. Nach und nach die Eier einrühren und die saure Sahne unterrühren. Mehl, Stärkemehl und Backpulver vermischen, aufsieben und unterheben. Die Kokosmilch und die ausgekühlten Kokosraspeln unterrühren. Eine Backform mit Backpapier auslegen, den Teig einfüllen und im vorgeheizten Backofen bei 180 °C (Gas Stufe 2, Umluft 160 °C) etwa 40 Minuten backen. Herausnehmen, noch 10 Minuten in der Form lassen, dann auf ein Kuchengitter stürzen. Das Backpapier abziehen. Den Kuchen auskühlen lassen, danach waagerecht durchschneiden, sodass 2 Böden entstehen. Den unteren Boden mit Preiselbeergelee bestreichen.

Für den Belag Quark, Doppelrahm-Frischkäse, Butter und Zucker verrühren. Die Schlagsahne steif schlagen und unterheben.

Das Kokosnuss-Stück mit einem Sparschäler in dünne Streifen schneiden und in einer Pfanne ohne Fett goldgelb rösten. Auskühlen lassen. Die untere Kuchenhälfte mit der Hälfte der Quarkcreme bestreichen, mit der Hälfte der Kokosnuss-Streifen belegen und der restlichen Creme bedecken. Die andere Teighälfte aufsetzen. Die Mitte der oberen Teigplatte mit Pistazien bestreuen.
Die Sahne mit dem Zucker und dem Sahnefestiger steif schlagen, in einen Spritzbeutel mit Lochtülle füllen, die Torte ringsum bespritzen. Die restlichen Kokosnuss-Streifen auf die Torte streuen.

FRUCHTTÜTEN
SCHOKOKÜSSE

FRUCHTTÜTEN
Für den Teig:
4 Eier, 200 g Zucker
1 Päckchen Vanillezucker,
1 Prise Salz, 100 g Mehl
125 g Stärkemehl
1 TL Backpulver

Für die Füllung:
¼ Liter Schlagsahne
150 g abgetropfter Quark
(40 %), 1 EL fein geschnittene Minze, 2 EL Zucker
500 g Beerenobst (Himbeeren, Erdbeeren, Heidelbeeren, Johannisbeeren)

Außerdem:
Minzeblättchen
feinstreifig geschnittene
Orangenschale

SCHOKOKÜSSE
Für den Teig:
4 Eier, 125 g Zucker
1 Päckchen Vanillezucker
1 Prise Salz, 100 g Mehl
30 g Stärkemehl
½ TL Backpulver
Butter für die Förmchen

Für die Glasur:
500 g Zartbitterkuvertüre

Für die Füllung:
150 g Himbeerkonfitüre
½ Liter Schlagsahne
1 Päckchen Vanillezucker
2 TL Zucker

FRUCHTTÜTEN
Für den Teig die Eier trennen. Eigelb und 2 EL lauwarmes Wasser schaumig schlagen. Nach und nach Zucker und Vanillezucker zufügen und rühren, bis die Masse cremig ist. Eiweiß mit Salz steif schlagen und unter die Eigelbmasse heben.
Mehl, Stärkemehl und Backpulver mischen, auf die Eimasse sieben und unterziehen. Aus Backpapier tellergroße Kreise schneiden und halbieren. 3 Kelchgläser bereitstellen. Je 3 Papierhalbkreise auf ein Backblech legen, dünn mit dem Teig bestreichen. Im vorgeheizten Backofen bei 180 °C (Gas Stufe 2, Umluft 160 °C) 4 bis 5 Minuten backen. Die Teighalbkreise sofort vom Papier lösen, in ein Glas gleiten lassen, sodass sich Tütchen formen. Etwas auskühlen lassen, herausziehen, auf ein Kuchengitter legen.
Für die Füllung die Sahne steif schlagen. Quark mit Minze und Zucker verrühren, die Sahne unterheben. Das Beerenobst waschen, putzen und gut trocknen, da sonst der Teig durchweichen kann.
Erst unmittelbar vor dem Servieren die Tütchen mit der Creme füllen und mit Beerenobst, Minze und Orangenschale verzieren.

SCHOKOKÜSSE
Für den Teig die Eier trennen. Eigelb mit 2 EL warmem Wasser schaumig schlagen. Zucker und Vanillezucker unterrühren. Eiweiß mit Salz steif schlagen und unter die Eigelbmasse ziehen. Mehl, Stärkemehl und Backpulver vermischen, auf die Eiermasse sieben und unterziehen. Nicht rühren. Den Teig in einen Spritzbeutel mit großer Lochtülle einfüllen. Ein Backblech mit Backpapier auslegen und den Teig kuppelförmig aufspritzen. Im vorgeheizten Backofen bei 200 °C (Gas Stufe 3, Umluft 180 °C) etwa 15 Minuten backen. Herausnehmen, auskühlen lassen, die Kuchen waagerecht halbieren. Die Kuvertüre zerkleinern und im Wasserbad schmelzen. Die Gebäckhälften damit überziehen. Auf einem Kuchengitter trocknen lassen.
Die Konfitüre durch ein Sieb streichen. Die Schnittflächen der Schokoküsse mit Konfitüre bestreichen. Schlagsahne mit Vanillezucker und Zucker steif schlagen, in einen Spritzbeutel mit Sterntülle füllen und die Hälften damit bespritzen. Dann die Hälften zu einem Schokokuss – auch Mohrenkopf genannt – zusammensetzen.

HIMBEERRÖLLCHEN ROSENBLÄTTER-BAISERS

HIMBEERRÖLLCHEN
Für den Teig:
125 g Butter, 50 g Zucker
50 g Blütenhonig,
100 g Mehl
½ TL gemahlener
Ingwer, 3 EL Weinbrand

Für die Füllung:
300 g Himbeeren
½ Liter Schlagsahne
1 Päckchen Sahnesteif
1 EL Zucker

Außerdem:
Puderzucker zum
Bestäuben
Butter für den Kochlöffel

ROSENBLÄTTER-BAISERS
Für die Baisers:
6 Eiweiß, 200 g Zucker
1 TL Zitronensaft
150 g gemahlene Mandeln
60 g Stärkemehl
1 Päckchen Vanillezucker

Für die Füllung:
500 g Erdbeeren
70 g Puderzucker
600 ml Schlagsahne
1 Päckchen Sahnesteif
1 EL Zucker

Außerdem:
250 g Erdbeeren
kandierte Rosenblütenblätter von 3–4 frisch
gepflückten, gereinigten
Rosen (s. Einleitung)

HIMBEERRÖLLCHEN
Die Butter in einem Topf schmelzen, Zucker und Honig zugeben.
Auf kleiner Flamme rühren, bis sich der Zucker aufgelöst hat.
Den Topf vom Herd nehmen, die Masse auskühlen lassen.
Das Mehl portionsweise einsieben und glatt rühren. Ingwer und Weinbrand zugeben.
Ein Backblech mit Backpapier auslegen. Mit einem Teelöffel im Abstand von 10 cm Teighäufchen auf das Blech geben. Im vorgeheizten Backofen bei 200 °C (Gas Stufe 3, Umluft 180 °C) 8 bis 10 Minuten backen. Die Teigkreise sofort – noch heiß – um den Griff eines mit Butter eingefetteten Kochlöffels wickeln. Die Röllchen abstreifen und auf ein Kuchengitter legen.
Kurz vor dem Servieren die Himbeeren waschen, putzen und zerkleinern. Die Sahne mit Sahnesteif und Zucker steif schlagen.
Die Himbeeren untermischen.
Die Masse in einen Spritzbeutel mit großer Sterntülle geben, die Röllchen damit füllen. Mit Puderzucker bestäuben. Sofort servieren, sonst wird der Teig pappig.

BAISERS MIT ROSENBLÄTTER
Für die Baisers das Eiweiß schaumig schlagen, etwas Zucker zugeben, mit dem Rest Zucker und Zitronensaft steif schlagen.
Mandeln, Stärkemehl und Vanillezucker vermischen und unter den Eischnee heben. Die Masse in einen Spritzbeutel mit Sterntülle füllen. Ein Backblech mit Backpapier auslegen. Von der Baisermasse Nester von 8 cm Durchmesser auf das Backblech spritzen. Im vorgeheizten Backofen bei 120 °C 60 Minuten backen. Im Ofen auskühlen lassen, vom Papier lösen.
Für die Füllung Erdbeeren waschen, putzen und pürieren, den Puderzucker zufügen. Sahne mit Sahnesteif und Zucker steif schlagen, das Erdbeerpüree unterziehen. Die Hälfte der Baisers mit der Sahne bestreichen.
Den Rest Erdbeeren waschen, putzen, halbieren. Auf die Sahne-Baisers jeweils 2 bis 3 kandierte Rosenblütenblätter und einige Erdbeerhälften geben. Die restlichen Baisers aufsetzen.

PFIRSICH-, APFEL- UND BIRNENTÖRTCHEN

PFIRSICHTÖRTCHEN

400 g Tiefkühl-Blätterteig
Mehl zum Ausrollen
Füllung: 10 Eiweiß,
200 g Zucker
350 g gemahlene Mandeln
50 g Mehl
10 EL Rosenwasser
2 TL Zitronensaft
Belag: 6 Pfirsiche
2 EL Zitronensaft oder
Wein, 1 Hand voll Brom-
beeren, kandierte Gänse-
blümchen oder Robinien
(s. Einleitung)

APFELTÖRTCHEN

500 g Tiefkühl-Blätterteig
Mehl zum Bearbeiten
200 g Marzipan-Rohmasse
2 EL Zucker
1 TL unbehandelte abge-
riebene Zitronenschale
1 Eigelb, 1 TL Mehl
2 EL Weinbrand
500 g Äpfel
4 EL Zitronensaft, 1 Eigelb

BIRNENTÖRTCHEN

450 g Tiefkühl-Blätterteig
100 g Marzipan-Rohmasse
100 g gehackte Walnuss-
kerne, 1 EL Puderzucker
2 EL Obstgeist
Mehl zum Bearbeiten
Zitronensaft zum Marinie-
ren, 1 kg Birnen
200 g Aprikosenmar-
melade

PFIRSICHTÖRTCHEN

Den Blätterteig auftauen.
4 Eiweiß mit Zucker, Mandeln,
Mehl und Rosenwasser ver-
rühren. Restliches Eiweiß mit
Zitronensaft steif schlagen und
unter die Mandelmasse heben.
Blätterteig auf bemehlter Fläche
ausrollen. Tortenförmchen kalt
ausspülen, mit Blätterteig auslegen. Die Mandelmasse einfüllen
und im vorgeheizten Backofen
bei 180 °C (Gas Stufe 2, Umluft
160 °C) etwa 15 Minuten
backen.
Auskühlen lassen. Pfirsiche überbrühen, Haut abziehen, Früchte
halbieren, entsteinen, in Zitro-
nen-Zucker-Wasser oder etwas
Wein kurz kochen. Früchte herausnehmen, mehrmals einschneiden. Kurz vor dem Anrichten die
Pfirsichhälften und Brombeeren
auf den Törtchen anordnen. Mit
kandierten Gänseblümchen oder
Robinien garnieren.

APFELTÖRTCHEN

Den Blätterteig auftauen, auf
bemehlter Fläche ausrollen.
Runde und rechteckige Formen
ausstechen und 1 cm breite
Streifen schneiden. Ein Blech mit
Backpapier auslegen, das Ausge-
stochene darauf geben, mit einer
Gabel mehrmals einstechen.

Für die Füllung Marzipan mit
Zucker verkneten, Zitronenschale, Eigelb, Mehl und Weinbrand
einarbeiten. Die Masse auf den
Blätterteigkreisen und -recht-
ecken verteilen. Äpfel schälen, in
Spalten schneiden, Kernhaus entfernen. Spalten mit Zitronensaft
marinieren, auf den Törtchen
verteilen. Jeweils 2 Teigstreifen
über Kreuz auflegen. Mit Eigelb
bestreichen. Im vorgeheizten
Ofen bei 200 °C (Gas: Stufe 3,
Umluft 180 °C) etwa 25 Minuten
backen.

BIRNENTÖRTCHEN

Den Blätterteig auftauen. Marzipan mit Walnüssen, Puderzucker
und Obstgeist verkneten. Blätterteig auf Mehl ausrollen und in
Rechtecke schneiden. Birnen
schälen, längs halbieren, Kernhaus entfernen, die Hälften etwas
aushöhlen, mit Zitronensaft marinieren, mit Marzipan füllen.
Die Birnen auf die Teigrechtecke
setzen. Ein Backblech mit Backpapier auslegen, die Birnentört-
chen darauf geben. Im vorgeheizten Ofen bei 200 °C (Gas: Stufe
3, Umluft 180 °C) etwa 30 Minuten backen.
Die Aprikosenmarmelade leicht
erwärmen, die heißen Birnen-
törtchen damit überziehen.

Teig: 4 Eier, 125 g Zucker
1 Päckchen Vanillezucker
1 Prise Salz, 100 g Mehl
2 EL Stärkemehl

Füllung: 1 Päckchen
Puddingpulver Vanille-
geschmack, 2 EL Zucker
½ Liter Milch,
300 g Butter
175 g Zartbitterkuvertüre
150 g Rosengelee (Rezept
S. 138)
2 EL Rosenlikör (s. u.)
100 g Aprikosenkonfitüre

Guss: 250 g Puderzucker,
1 Eiweiß
2–3 EL Rosenlikör (s. u.)
kandierte Blüten (Gänse-
blümchen, Stiefmütter-
chen, Veilchen, Röschen,
Robinien)

Gussvariante:
150 g Puderzucker
1–2 TL Eiweiß
1–2 TL Kakaopulver
Fruchtsaft oder Lebens-
mittelfarbe

Tipp:
*Besonders hübsch macht
sich eine Bemalung mit
Zuckerguss – 150 g Puder-
zucker in eine Schüssel
sieben, 1–2 TL Eiweiß und
2 TL Kakao oder Lebens-
mittelfarbe zugeben, alles
glatt rühren – und mit
Hilfe einer Pergamenttüte.*

Für den Teig die Eier trennen.
Eigelb in eine Schüssel geben
und mit 2 EL warmem Wasser
schaumig schlagen. Nach und
nach Zucker und Vanillezucker
einschlagen. Weiter schlagen, bis
die Masse cremig ist. Eiweiß mit
Salz steif schlagen, Mehl und
Stärkemehl darüber sieben und
alles unter die Eimasse heben.
Ein Backblech mit Backpapier
auslegen, den Teig darauf geben
und glatt streichen. Im vorgeheizten Ofen bei 200 °C (Gas: Stufe
3, Umluft 180 °C) etwa 15 Minuten backen. – Herausnehmen,
den Biskuit sofort auf ein mit
Zucker bestreutes Tuch stürzen.
Das Backpapier etwas anfeuchten
und abziehen. Biskuit auskühlen
lassen und in Stücke von 4 x 8
oder 6 x 6 cm schneiden.

Für die Füllung das Puddingpulver mit Zucker in etwas kalter
Milch verrühren. Restliche Milch
zum Kochen bringen, den Puddingansatz einrühren, aufkochen,
vom Herd nehmen, auskühlen
lassen. Ab und zu umrühren,
damit sich keine Haut bildet.
Butter schaumig schlagen, den
auf Zimmertemperatur abgekühl-
ten Pudding esslöffelweise einrühren. Kalt stellen.

Die Kuvertüre zerkleinern und
im Wasserbad schmelzen. Rosengelee mit Rosenlikör verrühren.
¼ der Stücke mit Rosengelee, ¼
mit Kuvertüre, ¼ mit Creme
bestreichen. Die Stücke übereinander setzen. Die restlichen
Stücke mit leicht erwärmter Aprikosenmarmelade bestreichen und
mit der bestrichenen Seite nach
oben aufsetzen.

Für den Guss den Puderzucker
sieben, mit Eiweiß und Rosenlikör verrühren, die gefüllten
Stücke damit überziehen. Die
Petits Fours nach Belieben mit
kandierten Blüten dekorieren.

Rosenlikör: Von 200 duftenden,
frisch gepflückten Rosenblüten-
blättern Stielansätze entfernen,
Blätter in einer Porzellanschüssel
mit ¼ Liter kochendem Wasser
übergießen, sodass sie knapp
bedeckt sind. Zugedeckt 12 Stunden ziehen lassen. Rosenwasser
in einen Topf seihen, 150 g
Zucker zufügen, unter Rühren
erhitzen, erkalten lassen.
½ Liter Korn und 4 cl Weinbrand
angießen und verrühren. Likör in
Flaschen füllen, gut verschlossen
4 Wochen kühl und trocken
lagern.

ÉCLAIRS MIT BEGONIEN ROSENTÖRTCHEN

ÉCLAIRS MIT BEGONIEN-BLÜTEN

Für die Begonienblüten:
3 Hand voll Begonien-
blüten, 2 Eiweiß
100 g feiner Zucker

Für den Teig:
220–250 ml Wasser
80 g Butter
1 Prise Salz, 1 TL Zucker
125 g Mehl, 1 EL Stärke-
mehl, 3 Eier

Für die Füllung:
1 Mango (500 g)
100 g Zucker, 200 g Quark
2 EL Arrak
¼ Liter Schlagsahne

Für die Glasur:
200 g Puderzucker
3 EL Mangosaft
1 TL Eiweiß

ROSENTÖRTCHEN
frisch gepflückte Röschen
2 Eiweiß
125 g feiner Zucker

500 g Tiefkühl-Blätterteig
8 Eiweiß
150 g Zucker
200 g gemahlene Mandeln
30 g Mehl
8 EL Rosenwasser
1 TL Zitronensaft
etwas Mehl zum
Ausrollen

Schlagsahne

ÉCLAIRS MIT BEGONIEN-BLÜTEN
Die frisch gepflückten Blüten
reinigen. In einem tiefen Teller
Eiweiß etwas aufschlagen, Blüten
hineintauchen, abtropfen lassen,
ringsum mit Zucker bestreuen.
Ein Backblech mit Pergamentpapier belegen, Blüten darauf geben
und im vorgeheizten Backofen
bei 50 °C trocknen lassen.
Ofentür spaltbreit geöffnet lassen.
Für den Teig in einem Topf das
Wasser mit Butter, Salz und
Zucker aufkochen. Vom Herd
nehmen, sofort Mehl und Stärkemehl hineingeben und zu einem
glatten Kloß rühren. Kloß in eine
Schüssel geben und nach und
nach die Eier einrühren. Ein
Backblech mit Backpapier auslegen. Teig in einen Spritzbeutel
mit großer Sterntülle füllen und
10 cm lange Streifen auf das
Backpapier spritzen. Im vorgeheizten Ofen bei 200 °C (Gas:
Stufe 3, Umluft 180 °C) etwa
25 Minuten goldgelb backen. –
Herausnehmen, auskühlen lassen,
Éclairs waagerecht halbieren.
Für die Füllung Mango schälen,
längs bis auf den Stein einschneiden, Fruchtfleisch in Spalten
abtrennen, diese klein schneiden.
Zucker, Quark und Arrak schaumig rühren. Sahne steif schlagen

und mit den Mangostücken unter
die Quarkmasse heben. Die
Éclairs damit füllen, auf die Füllung kandierte Blüten legen.
Für die Glasur Puderzucker sieben, mit Mangosaft und Eiweiß
glatt rühren. Die Éclairs damit
überziehen. Mit verzuckerten
Blüten verzieren oder umlegen.

ROSENTÖRTCHEN
Die frisch gepflückten Röschen
reinigen. In einem tiefen Teller
Eiweiß etwas aufschlagen,
Röschen hineintauchen, gut
abtropfen lassen, mit Zucker
bestreuen. Ein Backblech mit
Pergament belegen, Röschen darauf setzen, im vorgeheizten Ofen
bei 50 °C trocknen lassen. Die
Ofentür spaltbreit geöffnet lassen.
Für den Teig Blätterteig auftau-
en. 3 Eiweiß mit Zucker, Mandeln, Mehl und Rosenwasser verrühren. Restliches Eiweiß mit
Zitronensaft steif schlagen und
unterheben. Den Blätterteig auf
bemehlter Fläche ausrollen. Tortenförmchen kalt ausspülen, mit
Blätterteig auslegen, Mandelmasse darauf geben, im vorgeheizten
Ofen bei 180 °C (Gas: Stufe 2,
Umluft 160 °C) etwa 15 Minuten
backen. Schlagsahne steif schlagen.
Die Törtchen mit Sahnetuffs und
kandierten Röschen dekorieren.

GUGELHUPF
QUARK-NAPFKUCHEN

GUGELHUPF
Für den Teig:
500 g Mehl
40 g Hefe, 150 g Zucker
150 ml lauwarme Milch
175 g Quark (20 %)
125 g Butter, 3 Eier
150 g gehackte Walnüsse

Außerdem:
200 g Aprikosenkonfitüre
1 Eiweiß, 2 EL Zitronen-
saft
Walnusshälften zum
Garnieren
Butter für die Gugelhupf-
form

QUARK-NAPFKUCHEN
100 g Rosinen, 4 EL Rum
150 g Butter, 200 g
Zucker
1 Prise Salz
1 TL abgeriebene unbe-
handelte Zitronenschale
3 Eier, 250 g abgetropfter
Quark
2 EL saure Sahne
400 g Mehl
1 Päckchen Backpulver
Mehl zum Bearbeiten
Butter für die Napfkuchen-
form
1 EL Semmelbrösel
Puderzucker zum Besieben

GUGELHUPF
Für den Teig das Mehl in eine Schüssel sieben, in die Mitte eine Vertiefung drücken. Die Hefe mit 1 Teelöffel Zucker in etwas lauwarmer Milch verquirlen und in die Vertiefung gießen. Etwas Mehl vom Mehlrand einrühren und einen breiartigen Vorteig bereiten. 20 Minuten gehen lassen.
Die restliche Milch mit dem Quark verrühren. Die Butter in Flöckchen, die Eier und den Quark auf dem Mehlrand vertei- len und von der Mitte her einen glatten Teig bereiten. Zugedeckt 30 Minuten gehen lassen.
Die gehackten Walnüsse unter- kneten. Den Teig in eine gebut- terte Form füllen und weitere 15 Minuten gehen lassen.
Im vorgeheizten Backofen bei 200 °C (Gas: Stufe 3, Umluft 180 °C) etwa 35 Minuten backen.
Herausnehmen, 10 Minuten in der Form abkühlen lassen, dann auf ein Kuchengitter setzen. Die Konfitüre durch ein Sieb strei- chen, erhitzen, den Gugelhupf damit überziehen. Den Puder- zucker mit Eiweiß und Zitronen- saft glatt rühren, den Kuchen damit glasieren. Mit Walnusshälf- ten dekorieren.

QUARK-NAPFKUCHEN
Die Rosinen mit dem Rum beträufeln. In einer Schüssel die Butter schaumig schlagen. Zucker, Salz und Zitronenschale einrühren. Nach und nach Eier, danach Quark und die saure Sahne unterrühren. Mehl und Backpulver vermischen, darüber sieben und unterheben. Die Rosi- nen in Mehl wälzen und zum Teig geben. Eine Napfkuchen- form ausbuttern, mit Semmelbrö- seln ausstreuen, den Teig einfül- len, glatt streichen und im vorge- heizten Backofen bei 200 °C (Gas Stufe 3, Umluft 180 °C) etwa 45 Minuten backen. Herausnehmen, etwas auskühlen lassen, auf ein Kuchengitter set- zen, mit Puderzucker besieben.

Variante:
Der Kuchen schmeckt auch mit Zitronen- oder Schokoladenglasur.
Für die Zitronenglasur
200 g Puderzucker sieben und mit 1 EL Zitronensaft und 1 TL weicher Butter verrühren.
Für die Schokoladenglasur
200 g Puderzucker sieben und mit 3 EL Kakaopulver, 2 EL heißem Wasser und 1 TL Butter verrühren. Den Napf- kuchen damit überziehen.

Aschkuchen, Stollen, herzhafte Kuchen

HEFE-ASCHKUCHEN PANETTONE

HEFE-ASCHKUCHEN

250 g Rosinen
3 EL Weinbrand
500 g Mehl
40 g Hefe, 150 g Zucker
100 ml lauwarme Milch
150 g weiche Butter
3 Eier, 1 Prise Salz
1 EL fein geschnittenes
Zitronat
100 g gehackte Mandeln
Mehl zum Bearbeiten
Butter für die Form

Außerdem:

250 g Puderzucker
3 EL Kakao
2–3 EL heißes Wasser
25–30 g Kokosfett

PANETTONE

500 g Mehl
35 g Hefe, 125 g Zucker
150 ml lauwarme Milch
je 50–80 g Zitronat, Orangeat, kandierte Kirschen
80–100 g Rosinen
175 g Butter
2 Eigelb, 2 Eier
1 Prise Salz
1 Prise Muskatnuss
1 TL abgeriebene unbehandelte Orangenschale
Butter für die Backform
Puderzucker zum Besieben

Tipp:

Eine Soufflèform (16 cm Ø) mit Backpapier so auslegen, dass das Papier über den Rand hinausragt

HEFE-ASCHKUCHEN

Die Rosinen waschen, abtropfen lassen, mit Weinbrand begießen. Das Mehl in eine Schüssel sieben, in die Mitte eine Mulde drücken. Die Hefe mit 1 TL Zucker in etwas lauwarmer Milch verquirlen und in die Mulde gießen. Etwas Mehl vom Mehlrand einrühren und einen Vorteig bereiten. Zugedeckt 20 Minuten gehen lassen.

Den restlichen Zucker, die Butter in Flöckchen, Eier und Salz auf den Mehlrand geben, von der Mitte her alle Zutaten zu einem glatten Teig verkneten, dabei die restliche Milch zugeben. Rosinen in Mehl wälzen und mit Zitronat und Mandeln zum Teig geben. 30 Minuten gehen lassen.

Den Teig durchkneten, in eine gebutterte Form füllen und weitere 15 Minuten gehen lassen. Im vorgeheizten Backofen bei 200 °C (Gas: Stufe 3, Umluft 180 °C) 45 bis 50 Minuten backen, die letzten 15 Minuten abdecken. Herausnehmen, 10 Minuten in der Form abkühlen lassen, auf ein Kuchengitter setzen.

Für die nicht zu flüssige Glasur Puderzucker und Kakao mit dem Wasser und Ei verrühren, das zerlassene Kokosfett unterrühren, den Kuchen damit überziehen.

PANETTONE

Das Mehl in eine Schüssel sieben, in die Mitte eine Mulde drücken. Die Hefe mit 1 TL Zucker in etwas lauwarmer Milch verquirlen, in die Mulde geben, etwas Mehl darüber streuen. Den Vorteig leicht verrühren. Zugedeckt 20 Minuten gehen lassen. Zitronat, Orangeat und kandierte Kirschen in kleine Würfel schneiden. Die Rosinen waschen, abtropfen lassen und mit dem restlichen Zucker, der Butter in Flöckchen, Eigelb, Eiern, Salz, Muskatnuss, Orangenschale, Orangeat, Zitronat und den Kirschen auf dem Mehlrand verteilen. Von der Mitte her alle Zutaten zu einem glatten Teig verkneten, dabei die restliche Milch zufügen. Zugedeckt 45 Minuten gehen lassen.

Den Teig nochmals durchkneten. Eine hohe Backform ausbuttern, den Teig einfüllen und die Oberfläche mit einem Messer kreuzweise einschneiden. Im vorgeheizten Backofen bei 180 °C (Gas: Stufe 2, Umluft 160 °C) etwa 75 Minuten backen. Herausnehmen, 10 Minuten in der Form abkühlen lassen, aus der Form nehmen und auf ein Kuchengitter setzen. Mit Puderzucker besieben.

STOLLEN NACH DRESDNER ART

300–400 g Sultaninen
150–200 g Korinthen
6 EL Rum
750 g Mehl
80 g Hefe
125 g Zucker
¼ Liter lauwarme Milch
100–125 g Zitronat
100–125 g Orangeat
2 Päckchen Vanillezucker
1 EL abgeriebene unbehandelte Zitronenschale
½ TL Salz
300 g Butterschmalz
150 g gehackte Mandeln
Butter und Mehl für das Backblech

Außerdem:
200 g Butter
3 EL Zucker
200–250 g Puderzucker

Tipp:
Der Stollen wird auch mit weniger fruchtigen Zutaten gut, ist dann allerdings kein traditionell Dresdner mehr – eben sparsamer. Für die Extreme kennt der Volksmund zwei Namen: „Schreistollen", bei dem sich die Rosinen weit auseinander befinden, doch im „Flüsterstollen" liegen sie dicht bei dicht beieinander.

Sultaninen und Korinthen waschen, abtropfen lassen, mit Rum begießen und über Nacht durchziehen lassen.

Am Backtag das Mehl in eine Schüssel sieben, in die Mitte eine Vertiefung drücken. Die Hefe mit 1 Teelöffel Zucker in ⅛ Liter lauwarmer Milch verquirlen, in die Vertiefung gießen, etwas Mehl vom Rand einrühren und einen breiartigen Vorteig herstellen. Zugedeckt an einem warmem Ort 30 Minuten gehen lassen.

Zitronat und Orangeat in kleine Würfel schneiden und mit dem restlichen Zucker, Vanillezucker, Zitronenschale, Salz, Butterschmalz in Flöckchen, Mandeln, Sultaninen und Korinthen auf dem Mehlrand verteilen. Von der Mitte her die Zutaten zu einem glatten und glänzenden Teig verkneten, dabei die restliche Milch einarbeiten. Zugedeckt an einem warmen Ort 90 Minuten gehen lassen.

Den Teig nochmals durchkneten und in 2 Teigstücke teilen. Die Teigstücke zu länglichen Broten formen, längs etwas einkerben und auf ein gebuttertes, leicht bemehltes Backblech geben. Nochmals 30 Minuten gehen lassen.

Im vorgeheizten Backofen bei 200 °C (Gas: Stufe 3, Umluft 180 °C) etwa 55 Minuten backen.

Kurz vor Ende der Backzeit die Butter zerlassen. Die Stollen herausnehmen und sofort mit der Hälfte der zerlassenen Butter bestreichen, mit Zucker bestreuen und mit der Hälfte des Puderzuckers besieben. Die restliche Butter darüber streichen und den restlichen Puderzucker darüber sieben.

Dresdner Stollen sind weltberühmt. Deshalb präsentiert sich alljährlich auf dem Dresdner Striezelmarkt ein aus edelsten Zutaten hergestelltes Stollenmonster: 4 Meter lang, 1,65 Meter breit, 70 Zentimeter hoch. Wenn dieses Backwerk aufgeschnitten wird, muss man einfach dabei sein und kosten. Bei seiner Herstellung ist man sehr vorsichtig, damit er nicht auseinander bricht. Denn das wäre – siehe Tipp – die dritte Sorte Stollen: der „Unglücksstollen".

MOHNSTOLLEN
MANDELSTOLLEN

MOHNSTOLLEN

Teig: 500 g Mehl
40 g Hefe, 100 g Zucker
¼ Liter lauwarme Milch
1 TL abgeriebene unbe-
handelte Zitronenschale
180 g Butterschmalz
1 Prise Salz
150 g gemahlene Mandeln
Mehl zum Bearbeiten
Butter für das Backblech

Füllung: ⅛ Liter Milch
⅛ Liter Schlagsahne
3 EL Zucker
500 g gemahlener Mohn
1 EL Grieß
1 TL abgeriebene unbe-
handelte Orangenschale
je 100 g Sultaninen und
Korinthen, 1 TL fein
geschnittenes Zitronat
1 Messerspitze Zimt
1 EL Rum, 100 g Butter
150 g Puderzucker

Mandelstollen

700 g Mehl, 45 g Hefe
25 g Zucker
¼ Liter lauwarme Milch
200 g Butterschmalz
3 Eier
225 g gemahlene Man-
deln, darunter 4 bittere
1 TL abgeriebene unbe-
handelte Orangenschale
je 50 g fein geschnittenes
Zitronat und Orangeat
1 kräftige Prise Salz
Mehl, gut 150 g Butter
150 g Puderzucker

MOHNSTOLLEN

Das Mehl in eine Schüssel sieben, in die Mitte eine Mulde
drücken. Hefe und 1 TL Zucker
in ⅛ Liter lauwarmer Milch verrühren, in die Mulde gießen.
Etwas Mehl vom Rand zugeben,
einen breiartigen Vorteig bereiten. Zugedeckt an warmem Ort
20 Minuten gehen lassen.
Auf dem Mehlrand restlichen
Zucker, Zitronenschale, Butterschmalz in Flöckchen, Salz und
Mandeln verteilen. Von der
Mitte her die Zutaten zu einem
geschmeidigen Teig verkneten,
die restliche Milch einarbeiten.
Zugedeckt 45 Minuten an warmem Ort gehen lassen. Inzwischen die Mohnfüllung bereiten.
Milch, Sahne und Zucker unter
Rühren erhitzen, Mohn, Grieß
und Orangenschale zugeben,
unter Rühren einige Male aufwallen lassen. Vom Herd nehmen.
Gewaschene, abgetropfte Sultaninen und Korinthen, Zitronat,
Zimt und Rum einrühren. Auf
etwa 20 °C abkühlen lassen.
Den Teig erneut durchkneten, auf
bemehlter Fläche fingerdick ausrollen. Die Mohnmasse aufstreichen, Teig aufrollen. 10 Minuten
gehen lassen. Ein Blech ausbuttern, die Stolle auflegen und im
vorgeheizten Backofen bei

200 °C (Gas: Stufe 3, Umluft
180 °C) etwa 1 Stunde backen.
Herausnehmen, mit Butter bestreichen, mit Puderzucker
besieben.

MANDELSTOLLEN

Das Mehl in eine Schüssel sieben, in die Mitte eine Mulde
drücken. Hefe und 1 TL Zucker
in ⅛ Liter lauwarmer Milch verquirlen, in die Mulde gießen,
etwas Mehl vom Rand einrühren,
einen Vorteig herstellen. Zugedeckt 20 Minuten an warmem
Platz gehen lassen.
Auf dem Mehlrand restlichen
Zucker, Butterschmalz in Flöckchen, Eier, Mandeln, Orangenschale, Zitronat, Orangeat und
Salz verteilen. Die Zutaten von
der Mitte her zu einem geschmeidigen Teig verkneten, die
restliche Milch zufügen. Zugedeckt 1 Stunde gehen lassen.
Den Teig mit bemehlten Händen
erneut durchkneten. Ein Blech
ausbuttern, den Stollen auflegen.
20 Minuten gehen lassen. Im
vorgeheizten Backofen bei
200 °C (Gas: Stufe 3, Umluft
180 °C) etwa 1 Stunde backen.
Herausnehmen, mit Butter
bestreichen, mit Puderzucker
besieben.

MARZIPANSTOLLEN

Für den Teig:
je 100 g Sultaninen und
Korinthen
4 EL Rum
600 g Mehl
40 g Hefe, 100 g Zucker
¼ Liter lauwarme Milch
100 g Butter
150 g Butterschmalz
je 50 g fein geschnittenes
Zitronat und Orangeat
100 g gehackte Mandeln,
darunter 2 bittere
1 TL abgeriebene unbe-
handelte Zitronenschale
Mehl zum Bearbeiten
Butter für das Backblech

Für die Füllung:
200 g Marzipan-Rohmasse
100 g Puderzucker
2 TL Rum
3 EL Schlagsahne
je 1 EL gemahlene
Haselnüsse, Mandeln,
Kokosflocken
je 50 g fein geschnittene
getrocknete Aprikosen und
Pflaumen

Außerdem:
150 g Butter
150 g Puderzucker

Für den Teig Sultaninen und
Korinthen waschen, abtropfen
lassen, mit Rum begießen. Das
Mehl in eine Schüssel sieben,
in die Mitte eine Mulde drücken.
Hefe und 1 Teelöffel Zucker in
½ Liter lauwarmer Milch verquirlen, in die Vertiefung gießen,
etwas Mehl vom Rand einrühren,
einen Vorteig herstellen. Zugedeckt an einem warmen Ort
20 Minuten gehen lassen.
Den restlichen Zucker, Butter
und Butterschmalz in Flöckchen,
Zitronat, Orangeat, Mandeln,
Zitronenschale, Sultaninen und
Korinthen auf dem Mehlrand verteilen. Von der Mitte her die
Zutaten verkneten, dabei die restliche Milch zufügen. Den Teig
kräftig durchkneten. Zugedeckt
nochmals 1 Stunde gehen lassen.

Für die Füllung Marzipan,
Puderzucker, Rum, Schlagsahne,
Haselnüsse, Mandeln, Kokosflocken, Aprikosen und Pflaumen
verkneten und zu einer Rolle
formen. Den Teig durchkneten
und auf bemehlter Fläche zu
einem Rechteck ausrollen. Die
Marzipanrolle auflegen, den Teig
aufrollen und weitere 15 Minuten gehen lassen.

Ein Backblech ausbuttern, den
Stollen auflegen. Im vorgeheizten
Backofen bei 200 °C (Gas: Stufe
3, Umluft 180 °C) etwa 1 Stunde
backen.
Kurz vor Ende der Backzeit die
Butter zerlassen. Den Stollen herausnehmen, sofort mit Butter
bepinseln und mit Puderzucker
besieben.

*M*arzipan, dieser wunderbar
süßen Masse aus Mandeln
und Zucker, haftet ein Hauch
Exotik an. Den Namen bekam die
Nascherei von der Verpackung.
Das waren kleine Schachteln
namens „mazaban". Schon vor
tausend Jahren war die aus dem
Orient eingeführte Gaumenlust
begehrt beim Adel und bei all
denen, die sich leisten konnten. Die berühmtesten Marzipan-
Delikatessen – begehrt bei Jung
und Alt – kommen aus Lübeck.

ZWEIERLEI QUARKSTOLLEN

QUARKSTOLLEN

500 g Mehl
1 Päckchen Backpulver
125 g Zucker, 2 Eier
1 TL abgeriebene unbe-
handelte Zitronenschale
1 Prise Salz
250 g abgetropfter Quark
(20 %)
4 EL Rum, 125 g Butter
150 g Sultaninen
je 1 EL fein geschnittenes
Zitronat und Orangeat
100 g gehackte Mandeln
Mehl zum Bearbeiten
120 g Butter, 150 g Puderzucker

QUARKSTOLLEN MIT MOHNFÜLLUNG

150 g Sultaninen, je 50 g
Zitronat und Orangeat
500 g Mehl
1 Päckchen Backpulver
125 g Zucker, 2 Eier
1 TL abgeriebene unbe-
handelte Zitronenschale
100 g weiche Butter
250 g abgetropfter Quark
(20 %), Salz
125 g gehackte Mandeln
Mehl zum Bearbeiten
Butter für das Backblech

Füllung: 300 g gemahlener Mohn, ⅛ Liter Milch
100 ml Schlagsahne
2 Eier, 100 g Zucker
100 g gehackte Mandeln
2 EL Rum, 100 g Butter
150 g Puderzucker

QUARKSTOLLEN

Mehl und Backpulver vermischen und in eine Schüssel sieben. In die Mitte eine Vertiefung drücken. Zucker, Eier, Zitronenschale und Salz in die Vertiefung drücken und mit etwas Mehl vermischen. Quark, Rum und Butter einarbeiten.

Die Sultaninen in Mehl wälzen und mit dem Zitronat, Orangeat und den Mandeln unterkneten. 1 Stunde kühl stellen.

Den Teig auf bemehlter Fläche durchkneten und in Stollenform bringen. Ein Backblech ausbuttern, den Quarkstollen auflegen. Im vorgeheizten Backofen bei 200 °C (Gas: Stufe 3, Umluft 180 °C) etwa 55 Minuten backen.

Herausnehmen, mit Butter bestreichen und mit Puderzucker besieben.

QUARKSTOLLEN MIT MOHNFÜLLUNG

Für den Teig die Sultaninen waschen und trockentupfen. Das Zitronat und das Orangeat in kleine Würfel schneiden. Mehl und Backpulver vermischen und in eine Schüssel sieben, in die Mitte eine Mulde drücken. Zucker, Eier, Zitronenschale, Butter, Quark und Salz in die Mulde geben. Alle Zutaten gut verkneten. Die Sultaninen in Mehl wälzen und mit Zitronat, Orangeat und Mandeln in den Teig einarbeiten. Den Teig 1 Stunde kalt stellen.

Für die Füllung den Mohn in eine Schüssel geben. Milch und Sahne erhitzen, den Mohn damit überbrühen. Auskühlen lassen. Eier, Zucker, Mandeln und Rum unterrühren. Den Teig auf bemehlter Fläche ausrollen, mit der Mohnmasse bestreichen und aufrollen. Ein Backblech ausbuttern, die Mohnrolle mit der Teignaht nach unten auflegen. Im vorgeheizten Ofen bei 200 °C (Gas Stufe 3, Umluft 180 °C) etwa 1 Stunde backen. Herausnehmen, sofort mit Butter bestreichen und mit Puderzucker besieben.

FRÜCHTEKUCHEN
TEEKUCHEN

FRÜCHTEKUCHEN

Teig: 125 g Sultaninen
125 g Korinthen, 5 EL
Rum, 500 g Mehl
40 g Hefe, 125 g Zucker
200 ml lauwarme Milch
4 Eier, 1 Päckchen Vanillezucker
1 TL abgeriebene unbe-
handelte Zitronenschale
1 Prise Salz
200 g Butterschmalz
je 80 g fein gehacktes
Orangeat und Zitronat
80 g klein geschnittene
kandierte Kirschen
100 g gehackte Mandeln
Mehl zum Bearbeiten
Butter für die Springform
Außerdem:
4 EL Aprikosenkonfitüre
250 g Puderzucker
½ Eiweiß, 1 EL Zitronen-
saft, fein geschnittene
Orangenschale

TEEKUCHEN

je 100 g Korinthen und
Sultaninen
4 EL Weinbrand
je 75 g Zitronat und
getrocknete Aprikosen
6 Eier, 175 g Butter, 150 g
Zucker, je 1 Prise Salz,
Zimt und Ingwer
1 TL abgeriebene unbe-
handelte Zitronenschale
250 g Mehl, 2 EL Stärke-
mehl, 2 gestrichene TL
Backpulver, 8 EL Wein-
brand, Hagelzucker zum
Bestreuen

FRÜCHTEKUCHEN

Sultaninen und Korinthen
waschen, abtropfen lassen und
mit Rum begießen. Das Mehl in
eine Schüssel sieben, in die Mitte
eine Vertiefung drücken. Die
Hefe mit 1 Teelöffel Zucker in
etwas lauwarmer Milch verrühren, in die Vertiefung gießen,
etwas Mehl vom Rand zugeben
und einen Vorteig herstellen.
Zugedeckt an einem warmen Ort
20 Minuten gehen lassen.
Auf dem Mehlrand den restlichen
Zucker, Eier, Vanillezucker, Zitronenschale, Salz, Butterschmalz in
Flöckchen, Orangeat, Zitronat,
kandierte Kirschen, Sultaninen,
Korinthen und Mandeln verteilen. Von der Mitte her die Zutaten verkneten, dabei die restliche
Milch einarbeiten. Den Teig gut
durchkneten. Zugedeckt 1 Stunde
gehen lassen.
Den Teig nochmals mit bemehlten Händen durchkneten. Eine
Springform ausbuttern, den Teig
hineingeben und glatt streichen.
Im vorgeheizten Backofen bei
180 °C (Gas: Stufe 2, Umluft
160 °C) etwa 1 Stunde backen.
Herausnehmen, noch 10 Minuten in der Form lassen, dann auf
ein Kuchengitter setzen und mit
Aprikosenkonfitüre überziehen.
Den Kuchen auskühlen lassen.

Puderzucker sieben und mit
Eiweiß und Zitronensaft verrühren. Den Kuchen damit überziehen und mit Orangenschale
garnieren.

TEEKUCHEN

Korinthen und Sultaninen
waschen, trockentupfen und mit
Weinbrand beträufeln. Aprikosen
und Zitronat fein schneiden. Die
Eier trennen. Butter und Zucker
in einer Schüssel schaumig
schlagen. Nach und nach Eigelb,
Korinthen und Sultaninen,
Aprikosen, Zitronat, Salz, Zimt,
Ingwer und Zitronenschale
unterrühren. Mehl, Stärkemehl
und Backpulver vermischen und
ebenfalls unterrühren. Das
Eiweiß steif schlagen und unterheben. Ein Backblech mit Backpapier auslegen, den Teig darauf
geben und im vorgeheizten
Backofen bei 200 °C (Gas: Stufe
3, Umluft 180 °C) etwa 25 Minuten backen.
Herausnehmen, etwas auskühlen
lassen, mit Weinbrand beträufeln
und mit Hagelzucker bestreuen.

Aschkuchen, Stollen, herzhafte Kuchen

HUTZELBROT

je 60 g Sultaninen und Korinthen
2 EL Rum
750 g Mehl
50 g Hefe
100 g Zucker
1 Prise Salz
je 1 Messerspitze Zimt und geriebene Muskatnuss
1 TL Lebkuchengewürz
750 g Birnen
120 g gemahlene Mandeln
120 g gehackte Haselnüsse
je 35–40 g klein geschnittenes Zitronat und Orangeat
8 klein geschnittene Feigen
6 fein geschnittene Datteln
Mehl zum Bearbeiten
Butter für das Backblech

Die Sultaninen und Korinthen waschen, abtropfen lassen, mit Rum begießen. Das Mehl in eine Schüssel sieben, in die Mitte eine Vertiefung drücken. Die Hefe zerbröckeln und mit 1 Teelöffel Zucker in ¼ Liter lauwarmem Wasser verrühren, in die Vertiefung gießen, etwas Mehl vom Rand zufügen, einen Vorteig bereiten. Zugedeckt 20 Minuten an einem warmen Ort gehen lassen.

Auf den Mehlrand den restlichen Zucker, Salz, Zimt, Muskat und Lebkuchengewürz geben. Von der Mitte her die Zutaten zu einem geschmeidigen Teig verkneten, dabei noch ¼ Liter lauwarmes Wasser zugeben. Zugedeckt 1 Stunde an einem warmen Ort gehen lassen.

Die Birnen schälen, in Viertel schneiden, dabei das Kernhaus entfernen und bissfest kochen. Abtropfen lassen. Den aufgegangenen Teig mit bemehlten Händen durchkneten, Mandeln, Haselnüsse, Zitronat, Orangeat, Sultaninen, Korinthen, Birnen, Feigen und Datteln unterkneten. Nochmals 1 Stunde gehen lassen. Den Teig zu einem Brot formen. Ein Backblech ausbuttern, das Hutzelbrot auflegen und im vorgeheizten Backofen bei 120 °C 2 Stunden backen.

APFEL-ZWIEBEL-KUCHEN
TOMATEN-KÄSEKUCHEN

APFEL-ZWIEBEL-KUCHEN

500 g Mehl
30 g Hefe
½ TL Zucker
8 EL Olivenöl, Salz
1,5 kg Gemüsezwiebeln
4 frische Lorbeerblätter
6 Äpfel, Saft von 1 Zitrone
250 g Crème fraîche,
6 Eier
125 g gehackte Walnuss-
kerne
3 Zweige Rosmarin

TOMATEN-KÄSEKUCHEN

Für den Teig:

4 mittelgroße Zwiebeln
50 g Butterschmalz
30 g Hefe, 1 Prise Zucker
½ Liter lauwarme Milch
500 g Mehl, Salz

Butter für das Backblech
Mehl zum Bearbeiten

Für den Belag:

1,5 kg Tomaten
1 Zweig Rosmarin
2 EL Tomatenmark
150 g Roquefort
200 g Reibekäse

APFEL-ZWIEBEL-KUCHEN

Das Mehl in eine Schüssel sieben, in die Mitte eine Vertiefung drücken. Die Hefe mit dem Zucker in ¼ Liter lauwarmem Wasser verquirlen und in die Vertiefung gießen. Von der Mitte her einen Teig kneten, dabei 2 Esslöffel Olivenöl und etwas Salz zugeben. Zugedeckt 30 Minuten gehen lassen.
Die Zwiebeln schälen und in dünne Scheiben schneiden. Das restliche Öl erhitzen, die Zwiebelscheiben hineingeben, die Lorbeerblätter zufügen, alles 15 Minuten dünsten.
Die Äpfel schälen, in Spalten schneiden, dabei das Kernhaus entfernen, mit Zitronensaft beträufeln.
Den Teig durchkneten und ausrollen. Ein Backblech ausbuttern, den Teig auflegen. Die Zwiebeln und die Apfelspalten auf den Teig geben.
Crème fraîche und Eier verrühren und darüber gießen. Walnüsse und Rosmarin aufstreuen. Im vorgeheizten Backofen bei 200 °C (Gas: Stufe 3, Umluft 180 °C) etwa 25 Minuten backen.

TOMATEN-KÄSEKUCHEN

Für den Teig die Zwiebeln schälen, fein hacken und im erhitzten Butterschmalz goldgelb rösten. Vom Herd nehmen und auskühlen lassen.
Hefe und Zucker in ⅛ Liter lauwarmer Milch verquirlen. Das Mehl in eine Schüssel sieben, in die Mitte eine Mulde drücken, die Hefemilch hineingießen, mit Mehl bestreuen. Zugedeckt 20 Minuten gehen lassen.
Salz und Zwiebeln auf dem Mehlrand verteilen. Von der Mitte her die Zutaten zu einem glatten Teig verkneten, dabei die restliche Milch zufügen.
Für den Belag die Tomaten überbrühen, die Haut abziehen, den Stielansatz entfernen, dann die Tomaten in Scheiben schneiden. Die Rosmarinnadeln abzupfen. Ein Backblech ausbuttern. Den Teig durchkneten, auf bemehlter Fläche ausrollen und auf das Backblech geben. Einen Rand hochziehen, den Teig mit einer Gabel mehrmals einstechen und mit Tomatenmark bestreichen. Die Tomatenscheiben auflegen, zerkrümelten Roquefort, Reibekäse und Rosmarinnadeln aufstreuen. Im vorgeheizten Ofen bei 200 °C (Gas: Stufe 3, Umluft 180 °C) etwa 30 Minuten backen.

SPECKKUCHEN
SCHNITTLAUCHKUCHEN

SPECKKUCHEN
Für den Teig:
200 g abgetropfter Quark
(20 %)
1 Ei, 6 EL Milch
⅛ Liter Öl, 1 Prise Salz
400 g Mehl
1 Päckchen Backpulver

Mehl zum Bearbeiten
Butter für das Backblech

Für den Belag:
500 g durchwachsener
Speck
500 g Zwiebeln
1 EL Kümmel
400 g Schmand, 4 Eier

SCHNITTLAUCH-
KUCHEN
Für den Teig:
150 g Quark (20 %), 1 Ei
6 EL Milch, ⅛ Liter Öl
1 Prise Salz
350 g Mehl, 3 gestrichene
TL Backpulver
Mehl zum Bearbeiten
Butter für das Backblech

Für den Belag:
4 Bund Schnittlauch
100 g Salami
150 g gekochter Schinken
200 g Schinkenspeck
4 Eier
400 g dicke saure Sahne
Salz

SPECKKUCHEN
Für den Teig den Quark durch ein Sieb in eine Schüssel streichen. Ei, Milch, Öl und Salz einrühren. Mehl und Backpulver vermischen und nach und nach in die Quarkmasse einarbeiten. Auf bemehlter Fläche ausrollen. Ein Backblech ausbuttern, den Teig auflegen und einen Rand hochziehen.

Für den Belag den Speck in kleine Würfel schneiden. Die Zwiebeln schälen, fein schneiden, mit dem Speck und dem Kümmel vermischen. Die Speckmischung auf dem Teig verteilen. Schmand und Eier verquirlen und ebenfalls auf den Teig geben. Im vorgeheizten Backofen bei 200 °C (Gas: Stufe 3, Umluft 180 °C) etwa 25 Minuten backen.

SCHNITTLAUCHKUCHEN
Für den Teig den Quark durch ein Sieb in eine Schüssel streichen. Ei, Milch, Öl und Salz unterrühren. Mehl und Backpulver vermischen und nach und nach in die Quarkmischung einarbeiten. Gut verkneten. Auf bemehlter Fläche ausrollen. Ein Backblech ausbuttern, den Teig auflegen, einen Rand hochziehen.

Für den Belag den Schnittlauch waschen und abtropfen lassen. Den Schnittlauch in kleine Röllchen, Salami, gekochten Schinken und Schinkenspeck in kleine Würfel schneiden und auf dem Teig verteilen. Die Eier mit der sauren Sahne und einer kräftigen Prise Salz verquirlen und über den Teig ziehen. Im vorgeheizten Backofen bei 200 °C (Gas: Stufe 3, Umluft 180 °C) etwa 25 Minuten backen.

Variante:
Wer einen vegetarischen Kuchen mag, nimmt etwas mehr Schnittlauch und lässt Salami, Schinken und Schinkenspeck weg, sollte dann aber zusätzlich mit Pfeffer und eventuell etwas mehr Salz würzen.

SCHMAND-ZWIEBELKUCHEN
SAUERKRAUTKUCHEN

SCHMAND-ZWIEBEL-KUCHEN

Für den Teig:

150 g abgetropfter Quark
1 Ei, 1 Prise Salz
6 EL Milch, ⅛ Liter Öl
400 g Mehl
3 gestrichene TL Back-pulver
Mehl zum Bearbeiten
Butter für das Backblech

Für den Belag:

nach Belieben 250 g
durchwachsener Speck
1 kg Zwiebeln, 3 EL Öl
400 g Schmand, 4 Eier
30 g Stärkemehl
1 EL Kümmel, Salz
frisch gemahlener
schwarzer Pfeffer

SAUERKRAUTKUCHEN

1 kg Mehl
60 g Hefe
1 kräftige Prise Zucker
knapp ½ Liter lauwarme
Milch
150 g weiche Butter
2 Eier
1 TL Salz
5 Zwiebeln
1,5 kg Sauerkraut
40 g Butterschmalz
250 g Schinkenspeck
Mehl zum Bearbeiten
Butter für das Backblech
2 Eigelb und 2 EL Milch
zum Bestreichen

SCHMAND-ZWIEBELKUCHEN

Für den Teig den Quark durch
ein Sieb in eine Schüssel streichen. Ei, Salz, Milch und Öl einrühren. Mehl und Backpulver
vermischen und nach und nach
in die Quarkmasse einarbeiten.
Gut verkneten. Auf bemehlter
Fläche ausrollen. Ein Backblech
ausbuttern, den Teig darauf
geben, einen Rand hochziehen.
Für den Belag den Speck klein
würfeln. Die Zwiebeln schälen,
in feine Ringe schneiden. Öl
erhitzen, Speck und Zwiebeln
darin 5 Minuten dünsten, auskühlen lassen. – Der Belag gelingt
auch ohne Speck.
Schmand, Eier, Stärkemehl und
Kümmel verrühren und mit Salz
und Pfeffer abschmecken. Die
Speck-Zwiebel-Mischung auf den
Teig geben. Die Schmand-Eier-
Masse darüber gießen. Den
Kuchen im vorgeheizten Ofen bei
200 °C (Gas: Stufe 3, Umluft
180 °C) etwa 35 Minuten backen.

SAUERKRAUTKUCHEN

Das Mehl in eine Schüssel sieben,
eine Mulde hineindrücken. Zerbröckelte Hefe und Zucker in
⅛ Liter lauwarmer Milch verrühren, in die Mulde gießen,
etwas Mehl vom Rand einrühren
und einen breiartigen Vorteig herstellen. Zugedeckt an warmem
Platz 30 Minuten gehen lassen.
Auf dem Mehlrand die Butter in
Flöckchen, Eier und Salz verteilen. Die Zutaten von der Mitte
her zu einem glatten Teig verkneten, die restliche Milch zugeben.
Den Teig kräftig durchkneten,
erneut zugedeckt 30 Minuten
gehen lassen.
Inzwischen die Zwiebeln schälen
und klein würfeln. Das Sauerkraut fein hacken. In einem Topf
das Butterschmalz erhitzen, die
Zwiebeln hineingeben und glasig
werden lassen. Das Sauerkraut
zugeben, 10 Minuten schmoren,
anschließend auskühlen lassen.
Den Schinkenspeck in feine
Scheiben schneiden. Den Teig auf
bemehlter Fläche durchkneten
und halbieren. Ein hohes Backblech ausbuttern. Eine Teighälfte
ausrollen und auf das Backblech
legen. Einen Rand hochziehen.
Das Sauerkraut auf die Teigplatte
geben. Die Speckscheiben darauf
verteilen. Die andere Teighälfte
ausrollen, auf das Kraut legen, die
Ränder fest andrücken. Eigelb
und Milch verquirlen und den
Kuchen damit bepinseln. Im vorgeheizten Backofen bei 200 °C
(Gas: Stufe 3, Umluft 180 °C)
etwa 30 bis 35 Minuten backen.

KARTOFFELKUCHEN

6 Zwiebeln, 125 g Butter

Teig: 500 g Kartoffeln
400 g Mehl
40 g Hefe, ½ TL Zucker
200 ml lauwarme Milch
2 Eier, 2 EL Kümmel

Butter und Semmelbrösel
für das Backblech
Mehl zum Bearbeiten

Belag: 5 säuerliche Äpfel
(400 g), 1 Zwiebel
750 g Blutwurst
4 EL gehackte Kräuter
(Majoran, Petersilie,
Schnittlauch)
Salz, frisch gemahlener
weißer Pfeffer

Guss: 500 g Schmand
6 Eigelb
200 ml Schlagsahne
1 EL Stärkemehl, Salz

ROQUEFORT-KUCHEN

4 mittelgroße Zwiebeln
8 EL Olivenöl
15 g Hefe, 1 Prise Zucker
400 g Mehl
1 kg Tomaten
1 Zweig Rosmarin
3 EL Tomatenmark
300 g Roquefort
125 g geriebener
Parmesan
Butter für das Backblech

KARTOFFEL-KUCHEN

Die Zwiebeln schälen und fein
hacken. 50 g Butter erhitzen, die
Zwiebeln darin bräunen und auskühlen lassen.
Die Kartoffeln mit der Schale
kochen, garen, pellen und grob
reiben. Das Mehl in eine Schüssel sieben, eine Mulde hineindrücken. Die Hefe mit dem Zucker in ⅛ Liter lauwarmer Milch
verquirlen, in die Mulde gießen.
Etwas Mehl vom Rand einrühren,
einen breiartigen Vorteig herstellen. Zugedeckt an warmem Ort
20 Minuten gehen lassen.
Von der Mitte die Zutaten zu
einem glatten Hefeteig verkneten, dabei Eier, Kümmel, restliche Butter und Milch zugeben.
Den Teig erneut zugedeckt 45
Minuten gehen lassen.
Ein Backblech ausbuttern und mit
Semmelbröseln ausstreuen. Den
Teig auf bemehlter Fläche durchkneten, ausrollen, auf das Backblech legen, ringsum einen Rand
hochziehen. Den Teig mit einer
Gabel mehrmals einstechen.
Äpfel schälen, in kleine Würfel
schneiden, dabei Kernhaus entfernen. Die Blutwurst klein würfeln.
Blutwurst, Äpfel, geriebene Kartoffeln, Zwiebeln und Kräuter auf
dem Teig verteilen. Mit Salz und
Pfeffer bestreuen.

Für den Guss Schmand und
Eigelb verrühren. Schlagsahne
und Stärkemehl verrühren und
mit Salz zum Schmand geben.
Den Kuchen damit überziehen.
Im vorgeheizten Ofen bei 200 °C
(Gas: Stufe 3, Umluft 180 °C)
etwa 40 Minuten backen.

ROQUEFORT-KUCHEN

Die Zwiebeln schälen, fein
schneiden und in 3 EL erhitztem
Öl goldgelb braten.
Hefe mit 1 Prise Zucker in ⅛
Liter lauwarmem Wasser verquirlen. 10 Minuten zugedeckt stehen lassen. – Mehl und restliches
Öl zufügen, alles zu einem glatten Teig verkneten. Die ausgekühlten Zwiebeln untermischen. Zugedeckt an warmem
Ort 30 Minuten gehen lassen.
Die Tomaten überbrühen, häu-
ten, Stielansatz entfernen, in
Scheiben schneiden. Rosmarin
abzupfen. Ein Backblech ausbuttern. Den Teig durchkneten, ausrollen und auf ein gebuttertes
Backblech geben. Tomatenmark
aufstreichen, die Tomatenscheiben auflegen. Zerkrümelten
Roquefort, Rosmarinnadeln und
Parmesan darüber streuen. Im
vorgeheizten Ofen bei 200 °C
etwa 20 Minuten backen.

SPECKROLLE
SPARGELKUCHEN

SPECKROLLE

Teig: 400 g mehlig kochende Kartoffeln
500 g Mehl
50 g Hefe, ½ TL Zucker
¼ Liter lauwarme Milch
2 Eier, 250 g abgetropfter Quark, ½ TL Salz

Mehl zum Bearbeiten
Butter für das Backblech

Füllung: 400 g durchwachsener Speck
600 g Zwiebeln
30 g Butterschmalz
200 g Reibekäse
4 EL gehackte Kräuter nach Belieben
Außerdem: 2 Eigelb
2 EL Milch
4 EL Kürbiskerne

SPARGELKUCHEN

Teig: 500 g Mehl, 2 gestrichene TL Backpulver
1 Eigelb, 2 Eiweiß, 2 EL Milch, ½ TL Salz, frisch gemahlener weißer Pfeffer
300 g kalte Butter

Mehl zum Bearbeiten
Butter für das Backblech

Belag: 1,5 kg gekochter grüner Spargel
⅛ Liter Spargelbrühe
⅛ Liter Schlagsahne
8 Eier, Salz, je 3 EL Kerbel und Petersilie, frisch gewiegt

SPECKROLLE

Für den Teig die Kartoffeln in der Schale kochen, pellen und durch die Kartoffelpresse geben. Das Mehl in eine Schüssel sieben, in die Mitte eine Mulde drücken. Hefe und Zucker in etwas lauwarmer Milch verrühren, in die Mulde gießen, etwas Mehl vom Rand hineingeben und zu einem breiartigen Vorteig verrühren. Zugedeckt an warmem Platz 20 Minuten gehen lassen.
Auf dem Mehlrand Eier, Quark und Salz verteilen. Die Zutaten von der Mitte her zu einem glatten Teig verkneten, die restliche Milch einarbeiten. Zugedeckt 30 Minuten gehen lassen.
Für die Füllung den Speck klein würfeln. Die Zwiebeln schälen und fein hacken. In erhitztem Butterschmalz Speck und Zwiebeln 5 Minuten rösten, auskühlen lassen.
Den Teig durchkneten und ausrollen. Zwiebeln und Speck mit dem Bratfett darauf verteilen, Reibekäse und Kräuter darüber streuen. Den Teig aufrollen. Ein Backblech ausbuttern, die Hefe-Kartoffel-Rolle darauf geben.
Eigelb und Milch verrühren, die Rolle damit bestreichen und mit Kürbiskernen verzieren. Im vorgeheizten Backofen bei 200 °C

(Gas: Stufe 3, Umluft 180 °C) etwa 35 Minuten backen. Nach Belieben noch heiß oder ausgekühlt servieren.

SPARGELKUCHEN

Mehl und Backpulver mischen, in eine Schüssel sieben, in die Mitte eine Mulde drücken. Eigelb, Eiweiß, Milch, Salz und Pfeffer in die Mulde geben, mit etwas Mehl bedecken und einen Brei herstellen.
Die Butter in Stücke schneiden, auf den Brei legen, mit Mehl bedecken und von der Mitte her die Zutaten gut verkneten. 30 Minuten kalt stellen.
Den Teig auf bemehlter Fläche ausrollen, dann auf ein gebuttertes Backblech legen.
Für den Belag die Spargelköpfe abschneiden, die Spargelenden in Stücke schneiden. Spargelköpfe und Spargelstücke auf dem Teig anordnen.
Spargelbrühe mit Sahne verrühren und einige Minuten einkochen. Vom Herd nehmen. Eier einrühren, Salz und Kräuter zufügen und die Mischung über dem Spargel verteilen. Im vorgeheizten Ofen bei 200 °C (Gas: Stufe 3, Umluft 180 °C) etwa 40 Minuten backen.

Aschkuchen, Stollen, herzhafte Kuchen

DIE REZEPTE NACH GRUPPEN

Soweit in den Rezepten nichts anderes vermerkt ist, sind die Zutaten für vier Personen berechnet.

Abkürzungen:

EL = Esslöffel
TL = Teelöffel
g = Gramm
kg = Kilogramm
Msp. = Messerspitze
ml = Milliliter
gestr. = gestrichene/r
getr. = getrocknete/r

ASCHKUCHEN, STOLLEN, HERZHAFTE KUCHEN

DIE REZEPTE

ALPHABETISCH

Bildquellen

Alle Bilder Sigloch Edition
Sigloch Edition/Bildarchiv: Hans Joachim Döbbelin 2, 18, 19, 25, 106;
Feiler Fotostudio, Karlsruhe: 13, 17, 21, 23, 26/27, 50/51, 86/87,
158/159 und alle Rezeptfotos auf den ungeraden Seitenzahlen 29
bis 185; Achim Sperber: 7, 9

www.sigloch-edition-bildarchiv.com

© Sigloch Edition, Am Buchberg 8, 74572 Blaufelden
Internet: www.sigloch.de
Nachdruck verboten. Alle Rechte vorbehalten.
Printed in Latvia
Redaktionelle Bearbeitung: Friedhelm Messow
Reproduktion: Otterbach Digital World, Rastatt
Satz: Peter Hensel, P.H.Design
Druck: Preses Nams Corp. Jana seta Printing Group
Papier: 135g/m² Finesse 700 gloss, UPM Kymmene Fine Paper, Dörpen
Bindearbeiten: Sigloch Buchbinderei, Blaufelden
ISBN 3-89393-212-7

REIHENWEISE
KULINARISCHE KÖSTLICHKEITEN

REIS

NUDELN

VITAMINE

SUPPEN & EINTÖPFE

AUFLÄUFE
GRATINS · SOUFFLES

FRANKEN
Kulinarische Streifzüge

SCHWABEN
Kulinarische Streifzüge

SCHLESWIG-HOLSTEIN
Kulinarische Streifzüge

BAYERN
Kulinarische Streifzüge

MECKLENBURG
Kulinarische Streifzüge

SACHSEN
Kulinarische Streifzüge

THÜRINGEN
Kulinarische Streifzüge

BADEN
Kulinarische Streifzüge

BERLIN BRANDENBURG
Kulinarische Streifzüge

NIEDERSACHSEN
Kulinarische Streifzüge

SCHWEIZ
Kulinarische Streifzüge

DEUTSCHLAND
Kulinarische Streifzüge

FRANKREICH
Kulinarische Streifzüge

EUROPA
Kulinarische Streifzüge

MEXIKO
Kulinarische Streifzüge
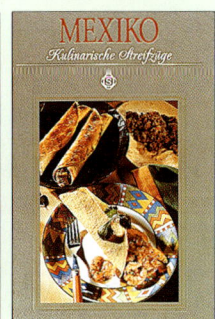

In gleicher Ausstattung sind weitere Titel lieferbar.